琵琶湖の北に連なる山
近江東北部の山を歩く
草川啓三
ナカニシヤ出版

琵琶湖の北に連なる山々

参考資料＝「中央分水嶺・淀川水系の森 余呉トレイル 詳細マップ　1：25,000」
（ウッディパル余呉・余呉トレイルクラブ 2011～2012）

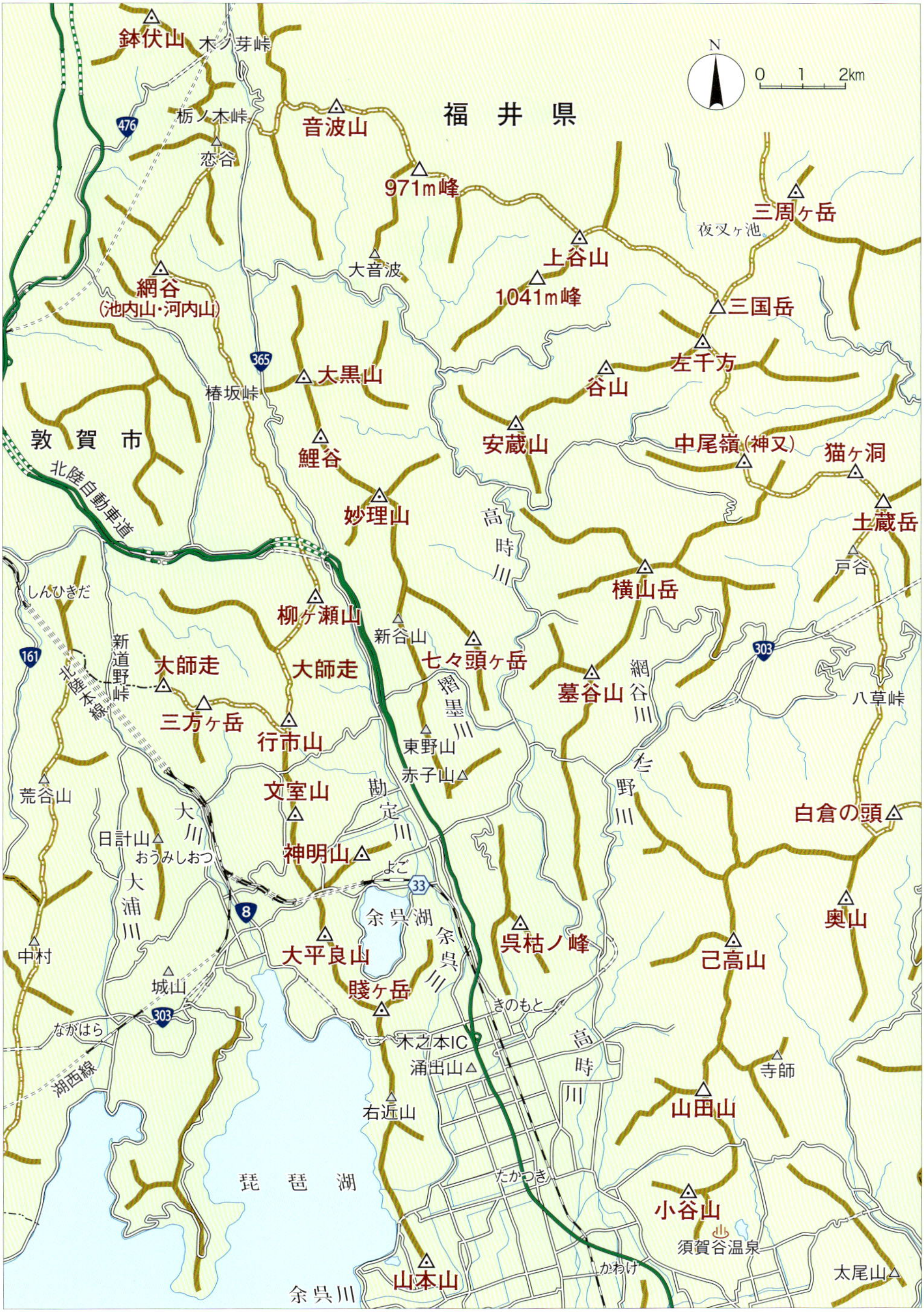

鉢伏山
木ノ芽峠
栃ノ木峠
恋谷
音波山
福井県
971m峰
大音波
上谷山
1041m峰
三周ヶ岳
夜叉ヶ池
三国岳
左千方
網谷
(池内山・河内山)
大黒山
椿坂峠
谷山
安蔵山
中尾嶺(神又)
猫ヶ洞
土蔵岳
戸谷
敦賀市
北陸自動車道
鯉谷
妙理山
高時川
横山岳
柳ヶ瀬山
新谷山
七々頭ヶ岳
しんひきだ
新道野峠
大師走
大師走
三方ヶ岳
行市山
墓谷山
網谷川
北陸本線
八草峠
杉野川
東野山
赤子山
摺墨川
荒谷山
文室山
勘定川
白倉の頭
大川
日計山
おうみしおつ
神明山
よご
大浦川
余呉湖
余呉川
奥山
呉枯ノ峰
大平良山
己高山
中村
城山
賤ヶ岳
きのもと
ながはら
湖西線
木之本IC
涌出山
高時川
寺師
右近山
山田山
琵琶湖
たかつき
小谷山
須賀谷温泉
山本山
かわけ
余呉川
太尾山
0 1 2km
N
476
365
161
303
303
33
8

もくじ

琵琶湖の北に連なる山々

琵琶湖を中心にした平野部の周りを山々が取り囲む、山と湖の国、近江。この地を囲む山々の連なりは何箇所かの撓みによって山塊に区切られており、それぞれの山塊を後背にして人びとが暮らす範囲を、地域分けの概念としている。それは近江の中心にある琵琶湖をその名称の頭に置いて、東西南北との組み合わせによって湖東、湖西、湖南、湖北という大まかな区分けがなされてきた。

私はこれら琵琶湖を取り囲む山々を主に歩いてきた。それぞれの山域はどこを歩いても個性が感じられる魅力のある山だったが、私の住む湖南地域と最も対照的なところとなるのが湖北の山々である。

私が住む湖南の草津市から、対角線にある湖北は県内では最も遠い地である。しかし木之本まで高速を使えば車で一時間三〇分ほどの距離だろうか。滋賀県は小さな県である。山ひとつ越えると日本海が広がるこの湖北は、冬ともなると太平洋側気候の湖南地域とは大きく風景を異にする。そしてさらに一歩、白き山々に包まれた懐深くに入ればもうまったくの別の世界へと変わる。雪国そのものである。

山深くに暮らす人びとにとって厳しい生活を強いられてきた湖北の地だが、春は長い雪の重みから解放されると可憐な花々が咲き、夏は深い緑に覆われ、秋は鮮やかな彩りに包まれる。山というフィールドを楽しみの対象とする者にとっては、湖北の山は無限の悦びを与えてくれる場所であった。そして雪が降り積もって再びその重みから解放されるまで、この白き山々の連なりはどの季節よりも心をときめかせてくれた。

山を見る

湖北の山々にはひと通りは登ったつもりだった。琵琶湖の北端、余呉湖を眼下に置く小さな山、賤ヶ岳に立って琵琶湖の北に連なる山々を眺めると、無限とも思えるほどの山並みが重なっている。この山並みのどれほどを知っているのだろうか。どこを歩いたのだろうかと山ひだの重なりを目で追ってみる。しかしひと通りは登ったと言っても、山上と山麓の点を結ぶほんの僅かな線が描けるだけだ。この山々の重なりの中にもっと分け入ってみたいと思った。

山を歩く

冬の賤ヶ岳からは正面に横山岳が大きく見えるが、その背後にはさらに白く続く山々が連なっている。その中でも高時川、姉川の流れを生み出す遠き山、上谷山、左千方、中尾嶺、猫ヶ洞、アリカミノ岳など、越前、美濃との国境をなして連なる山々に思いは募った。どうすれば登れるだろうかと地図を見ながら思いをめぐらし、白き雪稜を辿ってはーつひとつの山頂に歩を印していった。その奥深い山々の多くがひとりでの歩きだっただけに悦びは格別大きく深かった。

山を想う

ひとつの山頂に立って周囲の山々を眺める。実際の地形を頭に刻み込み、そして家に帰ると地図を見ては次なる山へと向かう気持ちを高めていく。こんな小さな山でもヒマラヤの高峰でも想いは同じであろう。この時間が大切であり、また最も楽しい時なのかも知れない。こうして幾度となく山を眺めて、歩いて、考え想いを巡らしてきた。この繰り返しであった。

琵琶湖の北に連なる山々に白く雪が輝く季節がまたやってきた。賤ヶ岳の山頂から見える白い山々の連なりの山ひだに、雪稜を辿る自分の姿を新たに重ねてみたい。どんな山が待ってくれているのだろうか。

里山の春、山遊び

清《きよ》滝《たき》山《やま》

四三八・九m

ミツバツツジ

クロモジ

タチツボスミレ

登山道はしっかりと踏まれている

右頁
上／山頂からの伊吹山の眺望
下／徳源院の道誉桜ごしに見る清滝山。さくらの花にはタイミングが合わなかった

清滝山の麓の清滝集落に二本の名木がある。一つは集落の中にあるイブキという針葉樹だ。イブキはヒノキ科ビャクシン属の常緑樹で、盆栽に見られる槙柏《しんぱく》も同じ仲間だという。民家が並ぶ狭い道横に立っており、木の下には祠《ほこら》が祀《まつ》られている。曲がりくねった枝が絡む姿はまさに老樹の風格。このままミニチュアにすれば素晴らしい盆栽になりそうだ。

もう一本は、近江の守護大名だった京極《きょうごく》家歴代の菩提寺である徳源院《とくげんいん》にある道誉《どうよ》桜というしだれ桜。ここには美しい三重塔があり、このサクラが満開になればさぞかし見事なことだろう。満開の道誉桜越しの清滝山を望んでからこの山に登ってみたいと思っているのだが、残念ながらまだそのチャンスには恵まれていない。

この徳源院の背後、借景のように清滝山の姿を望むことができる。お寺の左の林道から頂上への道が続いている。二度目の清滝山は春だったがサクラの花には少し早かった。取り付きの道には雪が残っていて歩きにくく、先行者の足跡に足を重ねて登ったが、峠まで登るとすっかりと雪は消えた。広く伐り開かれた道を登って行くと電波塔のコンクリートの建物が見えてくる。峠からはすぐだった。頂上は広く大きな展望が開けており、東側の端に石仏が祀られている。ほぼ三六〇度の大展望だが、何よりもまず目がいくのは伊吹山の姿だ。上半部に雪をつけた美しい姿。さすがというべき山容である。

湖北地方の象徴というべき伊吹山は方々から眺めている。有名なのは三島池からの姿だろう。池越しに見上げる山はまさに名景だが、採石場のジグザグの道がたすきのようにかかる姿は少し減点だ。他にも山麓、山中、山上と方々から伊吹山を眺めている。どこから見てもやっぱり百名山の山というべきか。百名山という名前にこだわるつもりは毛頭ない

二・五万図／関ヶ原

・登山コース

清滝集落を基点にぐるっと周回できる登山道がつけられている。軽い半日コースで山頂からの伊吹山の眺望が素晴らしい。

清滝のイブキの巨樹、徳源院の道譽桜や中山道柏原宿など見所も多い。道譽桜をはじめ徳源院への参道となっている集落内の道路には桜並木が続いているので、やはり春の山がおすすめだ。

イブキの巨樹と道譽桜

イブキの巨樹は集落の中にあってそんなに目立つ高さではないのだが、枝の張りが凄まじく、下から仰ぐその姿には圧倒される。樹齢七百年になるという。一方の道譽桜はしだれ桜としてはまだ巨樹というまでの域には達していないが、お寺と見事にマッチした威厳のある美しさを持っている。

が、美しいものは美しい。この清滝山からの姿は湖北の平野と一体となった伊吹山の素晴らしいパノラマだった。あまりにも整いすぎているきらいはあるが、この平野の広がりの中に立つ近すぎず遠すぎずの姿は、ここからでしか見られないものだ。昼食をとりながら飽きずに眺めた。

もちろん眺望は伊吹山ばかりではない。丘状の小さな山が入り組む伊吹野の向こうに霞む琵琶湖、一方は鈴鹿の山が迫る細い谷間《あ》いに、鉄道や道路の幹線がひしめいていた。この谷間は日本の大動脈となっていることを実感した。しかし静かな山上からこうした下界の風景を眺めていると時間や距離のスケールのずれを感じ、時間の流れがまるで止まったかのようだった。

清滝集落へは周回できるコースがある。そのまま尾根を進む道である。翌年の四月に訪れたときには、またサクラの花にタイミングが合わず花がもう路傍に散っており、尾根にはミツバツツジが点々と咲いていた。小さいが楽しみの多い山だ。登って下りるだけだったらあっという間に通り過ぎる山だが、それ

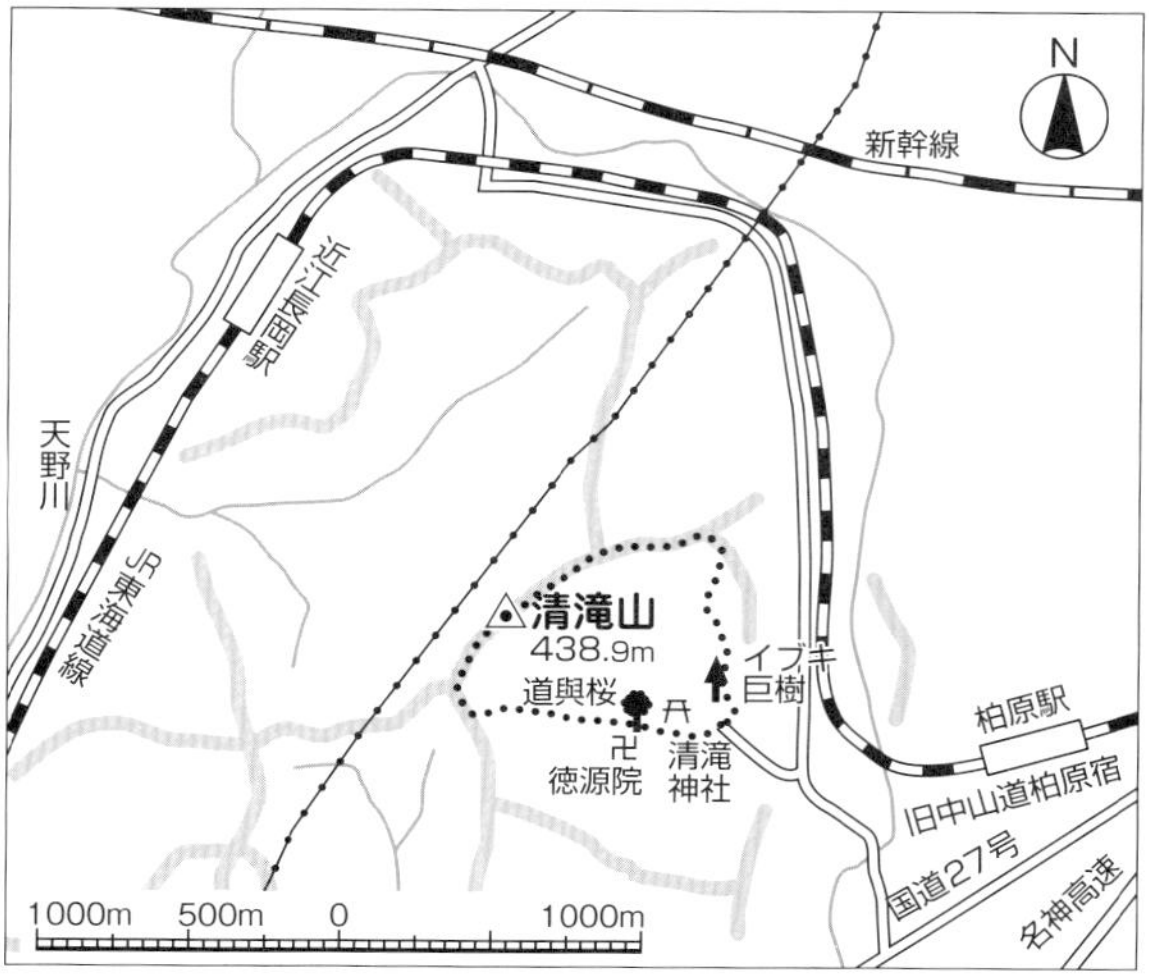

山頂から見る早春の伊吹山

清滝集落にあるイブキの巨樹

ではもったいない。名木とサクラ、歴史ある寺、大きな眺望、麓の宿場町柏原《かしわばら》の街並みがある。こんな小さな山は、山麓から山と、全体を包み込む風景をひとつの山として楽しんでみたいものである。

清滝集落の祭りの日

画竜点睛、伊吹を仰ぐ

横《よこ》山《やま》　三一一・九m

峠の切り通しに祀られた峠地蔵

右頁
横山の麓にある観音寺からの伊吹山の眺め

湖北の平野には丘陵状の小さな山々が点在している。山というのは周辺より高い盛り上がりのことで、その盛り上がりに登ることが登山。どんな小さな盛り上がりに登っても登山は登山である。しかし標高のあまりに低いものや平野の中の小さな島状の山は、登山の対象にはなりにくい。標高何メートルからという線引きではなくあくまでも主観である。一応四〇〇mくらいから上の山といった標高が目安だが、標高三〇〇m程度でも見過ごすには惜しい山もある。湖北では山本山や横山といった山がそれにあたるだろうか。

この両山を見てみると共通のものがある。独立峰ではなくその山から山稜が続いていることである。小さな丘のようでも山は山であるが、登山としての面白味に欠けるのは事実だ。その点、山本山や横山はその山自体のスケールが少し小さいだけで、充分に登山の楽しさを備えた山だった。

横山は湖北の平野の南部、七尾山と姉川を挟んで向かい合う小さな山で、北端にある横山から南へ、竜の背のような尾根を長々と延ばしている。三〇〇m内外のピークを続ける連なりで、登山の対象としては物足りないが、眼前の伊吹山の展望や眼下の平野の眺望に優れている。北の七尾山との間の狭隘部に姉川が流れ北国脇往還が通じているが、北国街道と脇往還の両街道を眼下に睨むこの地は、中世の戦乱期には戦略上重要な拠点となったであろうことが、この山上に立ってみれば一目で分かる。横山の長い山稜は湖北の地に背を延ばす竜であり、横山はその眼にあたるところだろうか。小さな山でありながらも湖北の山を語るには欠かすことのできない山である。

戦国期の浅井《あざい》氏と織田氏の対立で山上は陣取り合戦となり城が造られた。こんな山城遺

二・五万図／長浜

・登山コース

山頂の南の稜線上の峠からの稜線通しの道、観音寺からの道、石田町側からなどといくつかのハイキングコースがあり、いずれも手軽なコースとなっている。

稜線はお地蔵様が祀られている峠から南へは意外と道はよくなく、藪がかぶさっている。

山室湿原

横山から南に延びている山稜の東側にある、山室集落の北で新幹線の横山トンネルが貫いているが、その東側出口の北側の山懐に湿原が開けている。みつくり谷という小さな谷が山から平野部へと出るところにあり、約二万五千年前に形成されたという。東西九〇m、南北一五〇m、面積一・五haで、周り五〇〇m、標高一三〇m～一五〇mの間に五つの湿原区を造っており、貴重な植物や昆虫が生息

構の探訪や自然散策のためのハイキングコースが、この横山を中心として整備されている。西麓に石田という集落がある。戦国大名となった石田三成の生誕地である。そして東麓には伊吹山四箇寺のひとつであった観音寺があり、三成はこの観音寺で寺小姓として勤め、秀吉と出会うきっかけとなった。その時の三献の茶という逸話はよく知られた話である。

横山山頂の南にトンネルがあり車道が通じているが、山稜上には昔の峠道があり、峠の切り通しにはお地蔵さまが祀られている。観音寺からこの峠へと登って山頂に向かった。初秋の登山道にはキンミズヒキの黄色の花が揺れていた。眺望が開けた台地に立つと平野とその向こうに琵琶湖が広がっている。広闊な展望に何とも心地よい空気を感じた。横山城の遺構が続く道を進むとすぐに頂上だ。またまた見事な展望が広がる。頂上は広く公園のように整地され、三六〇度の展望図が設置されている。特に伊吹山の眺望が素晴らしい。

登ってきた道を少し戻ると左に観音寺に下る道がある。この道には観音様の石仏が祀られ、西国三十三箇所を模した巡拝コースとなっている。歩きやすい道で登山というより少し傾斜のある散歩道といってもいいだろう。観音寺へと戻ったがあまりに軽い登山なので、もう一度峠に登ってから南へと尾根を進んだ。

峠から南はあまり道がよくない。道があるものの手入れがされていないので草木が茂っている。特に鉄塔がある日当りのよい三一〇・二mの三角点付近は藪がひどいが、樹林帯の中を進んで行くと少しはましになる。ツリガネニンジンやヤマハッカ、コウヤボウキなどの花が見られた。もう少し整備すればいいハイキングコースとなるのに残念だ。

下に車道がトンネルとなって抜けているところで東側の菅江《すえ》に下り、車を置いた石田へ

する。春から初秋まで何度か訪れ、カザグルマ、トキソウ、サギソウ、サワギキョウなどの花々と出会うことができた。周囲は田んぼが広がっていてすぐ横を新幹線が走っている。いままでよくぞ無事で残ったものだと思う。

と戻った。長い車道歩きとなったが減反された田んぼ一面に咲くコスモスやヒマワリを眺めながら、退屈せずに歩いた。

七尾山からの湖北の平野と横山の山稜

横山の麓にある伊吹山四箇寺のひとつ観音寺

横山山頂は展望が広がっている

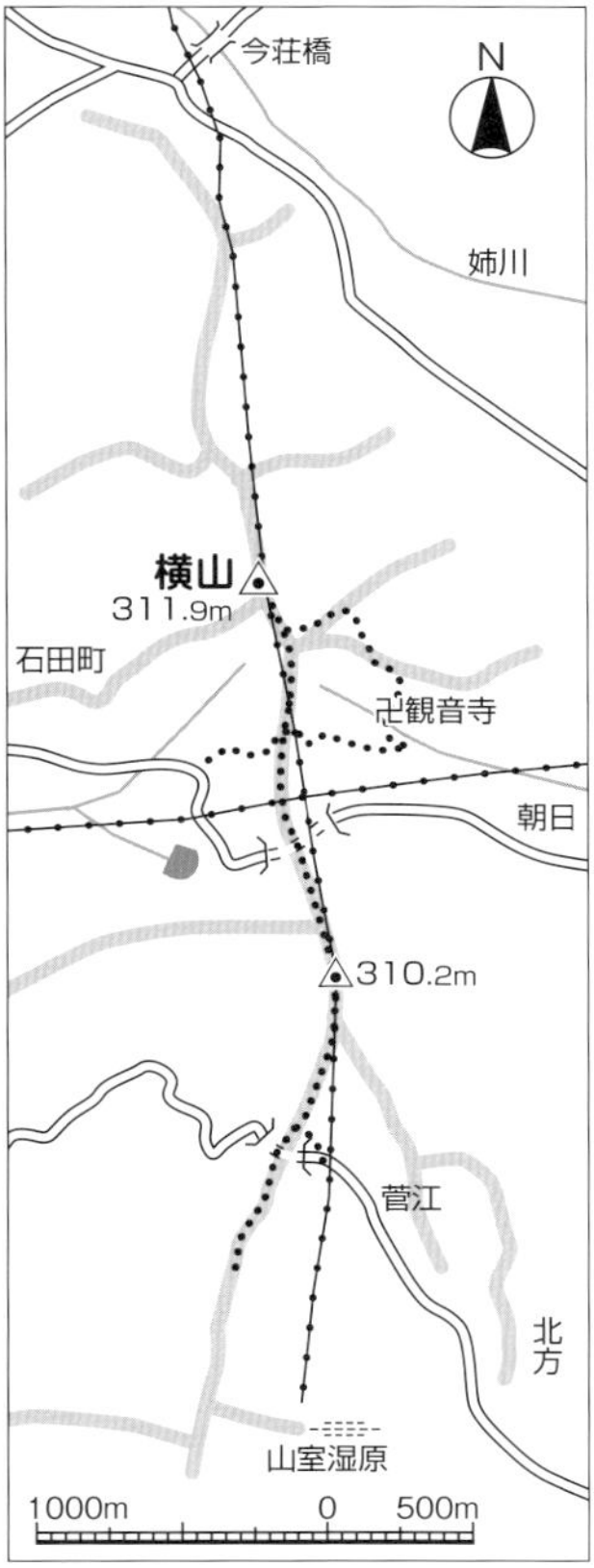

小さな名山ハイキング

小《お》谷《たに》山《やま》 四九四・五m

上／小谷山山頂　下／東尾根の桜の馬場

西尾根を下る

湖北の名山といえば伊吹山や横山岳の名が上がるが、小さな山の小谷山もその中のひとつに数えられるだろう。美しい姿の山である。

山は見る位置や角度によっても大きく変わるし、山があるその位置にも大きく左右される。名山の肩書きはあらゆる要素が混じり合い積み重なった総合力の結果である。小谷山は浅井《あざい》氏の居城が築かれていたのだが、そんな山の美的要素も城を建設するのに考慮されたのではないだろうか。敵に対する合理的な要素ばかりではなかったはずだ。この山に初めて登ったのはまだ春浅い頃だったと思うが、一番印象的だったのは桜馬場の桜の木の並びだった。桜の季節に登れば美しいだろうなあと思った。子供がまだ小さな頃で、その頃は子供を連れて滋賀県内の小さな山をいくつも登った。小谷山もそのひとつであったが、今大きくなった子供にそんな山のことを聞いても、もうまったく記憶に残っていないことだろう。この時は本丸や山王丸のある東尾根から登って、清水谷を下っている。今回の小谷山はそれ以来だった。

登山口は駐車場があり東屋が建てられていた。よく整備されている。山城探訪をする人が多いのであろう。さらに上へと上がっていく車道の右に登山道が続いている。これを登ると再び車道と合流するが、左に先端の城塞となる出丸がある。車道を横切って進むと、まだ車道とは何度か出合う。時々眼下の眺望が開けるところがあり、天気が良ければ気持ちのいい登りとなるのだが、初冬の今は小雨が降り眺望もきかないので、ただ歩を進めるだけだ。随所に立て札があり解説がされている。

金吾丸から下ったところで車道は終わっていた。ここからが本丸の入り口となるところなのだろう。番所、御馬屋、馬洗池、御茶屋などがあって桜馬場が広がる。この上が本丸だ。浅井長政はここで最後を迎えたという。ガスに煙り細い雨が木々を濡らしていた。静かな城跡だが、こんな天気にもかかわらず城跡ハイキングの人と時々すれ違う。

本丸の背後には大堀切があり中丸、京極丸、小丸と続いている。京極丸は小谷城に迎え入れた旧主の京極氏の住まい、小丸は長政の父久政の隠居所で、信長との合戦時はこの堀切で戦力が分断されたのが大きかったという。

城郭跡が並ぶ疎林の道は、厚く落ち葉が敷き詰められて明るく広々としている。前回も緑にはまだ早い季節だったので、緑に覆われたこの山は見ていない。その頃に歩けば印象もまた変わることだろうが、こんな季節ではやはり寂しく映る。一面の茶褐色の山だけに、道沿いに咲いていた椿の花が一際鮮やかだった。尾根の一番高いところが山王丸で、これを越えると道は左へと振る。ここに清水谷を見下ろす岩場があるのだが、その上に立っても濃いガスが漂うばかり。清水谷の鞍部に下って山頂への登りにかかる。

鞍部は六坊跡とよばれている清水谷への道を分けるところで、あとひと登りで大嶽《おおずく》城があったという山頂だ。山頂は広々としていた。三角点はその東の端にあり、西側にゆったりと傾きながら雑木林が広がっている。小さな山だが結構登りごたえがある山だった。こんな天気にもかかわらずいくつかのグループが登ってきていた。天気さえ良ければ湖北の平野から琵琶湖の眺望も開ける素晴らしい山だ。

下りは同じ道では面白くないので、東尾根から清水谷を挟んで並行している西尾根を下った。尾根道はよく整備されていて歩きやすかった。この尾根にも上部に福寿丸、下

二・五万図／虎御前山

・登山コース

南側から三本の道が上がっているのでそれを組み合わせて周回コースがとれる。メインコースは小谷城への大手道となっていた東側の尾根道で、登山ばかりでなく、歴史好きの山城探訪コースとして登る人が多い。清水谷をはさんで並行する西側の尾根にも城跡があり、整備された道が郡上集落へと延びている。そしてあと一本の道が両尾根の間の清水谷に続いている。

小谷城址

小谷城は浅井長政の祖父高政によって築かれた。山全体に砦が築かれ山そのものが城となっている。城といえば江戸期に造られた豪壮な城を想像するが、まったく別のものだろう。静かな山道では数々の遺構と出合うが、ここに槍や刀を手にした兵があふれ、怒号が渦巻く歴史の一瞬があ

部に山崎丸という二つの城郭の遺構がある。山城好きには興味深いところだろう。適度な傾斜の尾根だったので、とんとんと歩きやすく快適な下りだった。

郡上《ぐじょう》集落から清水谷を横切って駐車場へと戻る途中、清水谷からは小谷山が見上げられた。次はぜひとも桜が咲く頃に登ってみたいものだ。

り、浅井家は亡ぶが、残された浅井三姉妹（茶々、初、江）の運命が後の歴史を大きく動かすことになった。

須賀谷温泉

小谷山の麓にあり、浅井長政やその妻お市の方も湯治に訪れたという。谷間の一軒宿で、ヒドロ炭酸鉄泉の赤褐色をした湯は神経痛や筋肉痛、冷え性、胃腸病、アトピーなどに効果があるという。立寄り入浴もできる。

虎御前山

小谷山と向かい合う小さな山。織田信長が小谷城を攻めた時、信長方がここに砦を築いた。南端から二〇二・七ｍの三角点まで車道があり、頂上へと登山道が続いている。山名は虎御前（虎姫）伝説からきている。

清水谷から見上げる小谷山

東尾根の間柄峠

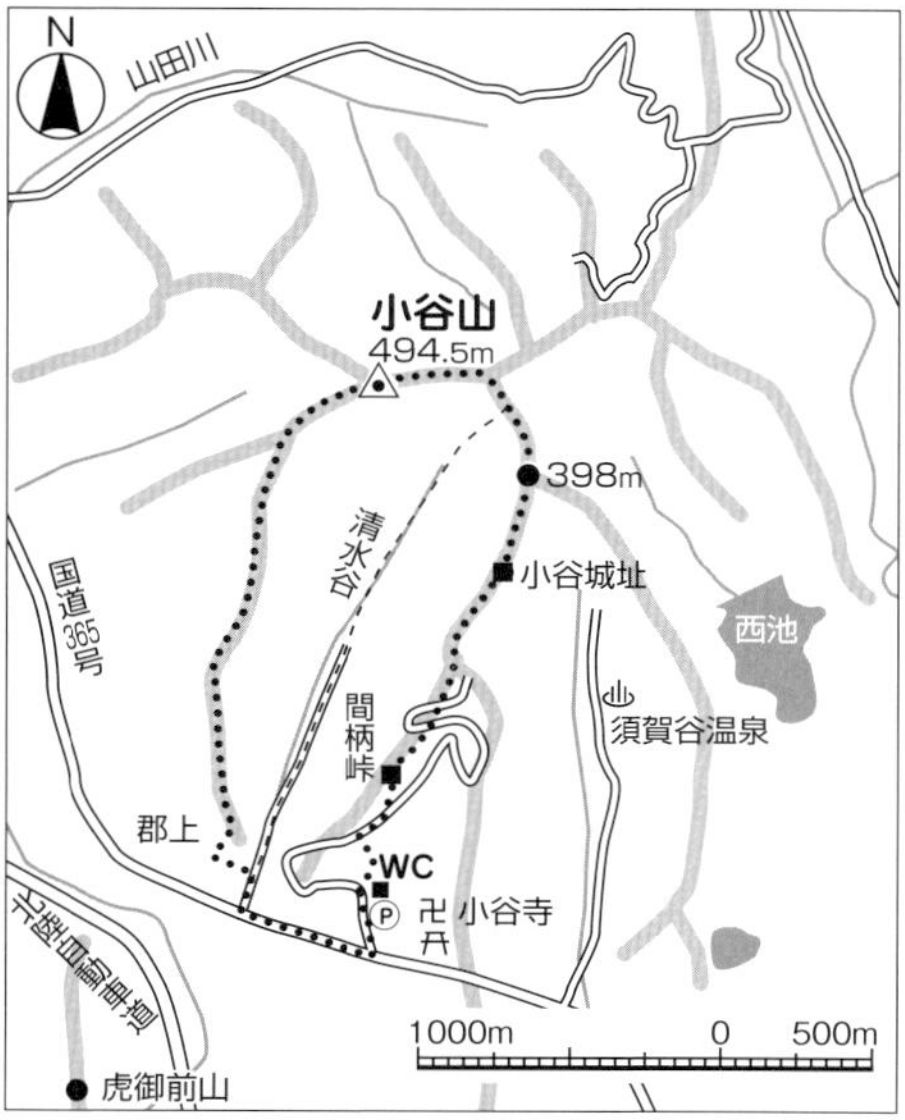

地味山歩きも乙なもの

山田山《やまだやま》 五四一m

右頁
南尾根から見る谷口集落と
伊吹山

上山田から見上げた山田山

浅井《あざい》氏の居城のあった小谷《おだに》山は歴史に名を残す誰もが知る山である。平野や周囲の山々から見る姿も美しく、多くの人々に登られ親しまれている。その小谷山と山田川を挟んで向かい合うのが山田山で、同じくらいのスケールを持つ山なのだが、あらゆる面で小谷山とは対照的な地味な山である。そんな目立たなさからか、私も今まで登ったことがなかったのだが、実際に登ってみても正真正銘の地味山だった。

あらかじめ登るルートも考えずに行った。麓に着いてまず目がいったのは、末端の馬上《まげ》から山田山まで長く延びている尾根だった。そして実際に頂上から平野へ向かって延びる尾根を見てから、この尾根の末端から行こうと決めた。頂上から小谷山へと続いている南に延びる尾根も歩いてみたかったので、この二つの尾根を登下降のルートとすれば、小さな山だがボリュームのある山登りとなる。それともうひとつ目についたのが、上山田にある神社マークだった。二・五万図にはこの神社から背後の尾根を辿って稜線まで道の破線が付けられている。これをルートにしてもいいかなと思ったが、ここからだと少しボリュームに欠ける。山頂に真っ直ぐに突き上げている尾根などをルートにすればさらに短時間で登れるだろうがそれでは面白くない。小さな山でも一日を使って歩いてみたいのだ。

こもれび苑への入り口に架かる橋を渡ったところの右から取り付いた。本当の末端からだ。ここは人が入った跡はあるが倒木が多く、細い灌木が茂って歩きにくい。スノーシューが邪魔になる、かといって外せば潜るので我慢して歩いていると、テレビの受信アンテナと出合い、西側からいい道が上がってきていた。ここから登ればよかったのだ。

向かい合う小谷山が覗いているがガスがかかっている。予報ではもう少し天気がいいと

二・五万図／虎御前山

・登山コース

里山だけに麓から山へと登る道がいくつかあった。また稜線も植林地が多く、その仕事道が使えそうだが、登山道としては整備されていないので読図力が必要だ。藪のところもあるのでやはり雪の季節が歩きやすい。

和泉神社

上山田の神社は和泉神社といいごく普通のありふれた小さな神社だったが、本殿の手前に石積みがあり水が湧きだしていた。和泉神社という名称もここからきているのだろうか。「みたらし」とよばれて御神水とされ、水はそのまま参道に沿って集落へと流れていた。また尾根の末端の馬上にも「天皇の水」とよばれている湧水があるという。

思っていたのだが、まだ雨のような雪のような小さな粒が降り続いている。標高二〇二mを越えたところでも、右の下山田から車道が上がってきていた。尾根は落ち着いた植生となり、道が広く伐り開かれていて随分歩きやすくなった。さらに三五九・三mの三角点ピークへの登りにかかるところで西側からしっかりとした道が登ってきていた。里山だけに至るところから道があるのだが、山田山への登山道というものではない。植林地の仕事道として使われているようだ。三五九・三mの三角点で尾根は右へと振り、すっきりとした伐採地に出る。目の前に見える小谷山にかかっていたガスも消え青空も覗いているので、やがて晴れてくるような気配だ。

雪質は重く木の根元などで空洞となっているところで、スノーシューでも時々ずぶずぶと潜るほどだったが、標高が上がると少しは安定してきた。地図にある上山田の和泉神社からの道は分からなかった。しかし合流したと思われる地点あたりから、やたらとテープが出てきた。こんな山でも結構歩いている人がいるようだ。

前方に山田山が見えるところがあった。まだ高くて遠い。頂上までは三五九・三mの三角点から標高差は二〇〇mたらずだが、低い山でも一人でのラッセルはしんどい。いつものようにできるだけ休まないでゆっくりと登り続けた。

思ったよりも登りが続くなあと思っていたところ、緩やかに林が広がった。どうやら山頂のようだったが、緩やかな樹林帯の広がりなのでどこが頂上かは分からない。ぶらぶら歩いていると山火事注意の看板が目に着いたので近寄ってみると、ここに山田山と書かれた木札が付けられていた。どこといって高いところはないので、この付近を頂上としてい

西尾根から小谷山を見る

和泉神社の湧水

るのだろう。ここで昼にしようと座り込むと、陽が差し込み青空が広がってきた。小雨と汗でじっとりと濡れた上着が冷たく感じていたのでありがたい。

下山コースは予定通り南南東へと延びる尾根だ。別の尾根に踏み込まないように慎重に下ったが、左が植林地、右が雑木林なので分かりやすいし赤テープも付いていた。細い灌木を縫う下りは歩きにくいが、雪山の下りは早かった。やがて左に伊吹山が見え、己高山《こだかみやま》へと続く尾根が広がって下に集落が開けていた。峠を越えた谷口の家々だ。青空の下に見事な伊吹の白い山を見ながら小休止。もう峠も近い。ほっとひと息だ。こんな時が藪山での一番楽しい時間だろうか。

車道が見えたが、切り通しとなっている。木にぶら下がって危なっかしいバランスで林道に下りた。峠には祠がありお地蔵様が祀られていた。天気はすっかりと回復し青空が広がった。車を置いた馬上までぶらぶらと歩いて戻り、途中で上山田の神社に立ち寄って帰った。

山の面白さは大きな山にはかなわないが、麓を歩いて神社を訪ねたり寄り道するのが、小さな里山歩きの楽しさだろう。

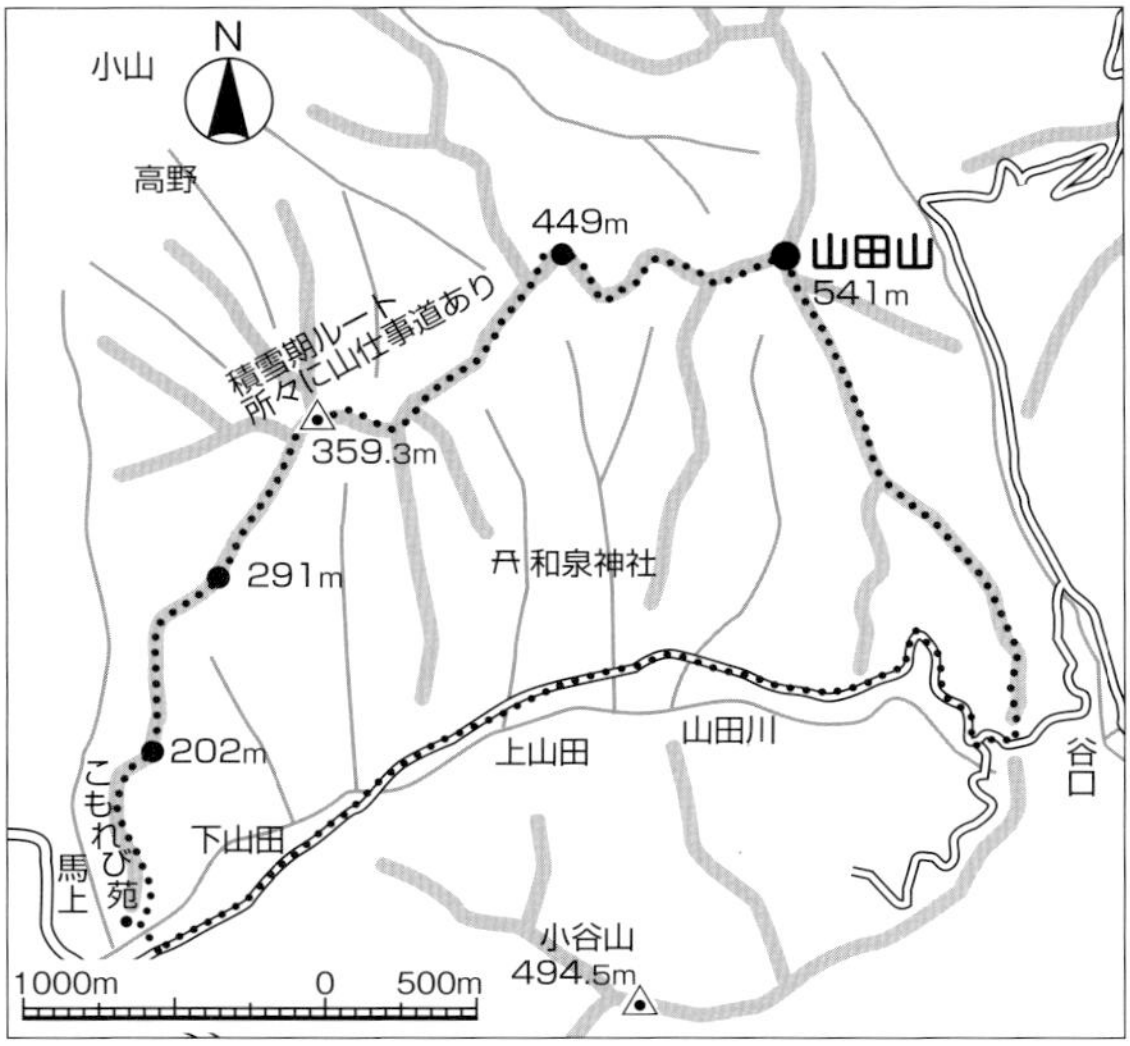

穏やかで心地よい山歩き

己高山《こだかみやま》

九二二・六m

古橋の登山道林道入り口

しっかりと踏まれた歩きやすい道

右頁
上／尾根上に石仏が並ぶ六地蔵

下／紅葉が美しい鶏足寺跡

湖北の集落には観音様を祀《まつ》るお堂が多くあり、観音の里と呼ばれている。そのほとんどが無人の小堂で、地域の人びとの篤い信仰によってお守りされている。近年はそんな観音さまを祀る小堂を巡る人も多い。静かな山里と相俟ったその素朴な風情が、いっそうの魅力となっているようだ。京都や奈良の大きな寺院とは違っていても、信仰に貫かれた人びとの観音様に接する気持ちは変わらない。

中でも渡岸寺《どうがんじ》の泰澄《たいちょう》作と伝える十一面観音立像は今や日本の仏像のスーパースターとも言える存在である。美術館や博物館で仏像が展示される昨今、仏像は信仰の対象というよりも芸術としての彫像の扱いのようだが、湖北の小堂に祀られた観音様こそ、まさに人びとが心のよりどころとする信仰の思いが詰まった美しいお姿そのものである。その美が信心の力をさらにパワーアップさせているのであろう。

己高山の麓、石道《いしみち》にも十一面観音を祀る石道寺《しゃくどうじ》がある。ここも十一面観音を祀った観音堂があるだけの無住の寺である。この観音さまはもとは極彩色をほどこされていたのだが今はすっかり剥げ落ち、こんな小さなお堂にしっくりととけ込んだ素朴なお姿になっている。己高山は鶏足寺《けいそくじ》をはじめとして多くの伽藍が散らばる、湖北山岳仏教の中心地だったとされている。この石道寺も平安時代に栄えた己高山寺院の一寺で、昔は己高山山腹にあったというが、現在ではこの地に観音堂だけを残している。

湖北には白山を開山したと言われている泰澄作とされる観音さまが多い。白く雪を戴いた美しい白山の神、白山比売《しらやまひめ》の本地仏である十一面観音さまは白山信仰の進出によってこの地に広まっていったのであろう。己高山山上からも白山を望むことができるが、その白

二・五万図／近江川合、虎御前山

・登山コース

中ノ谷の林道から鉄塔のある尾根を登って六地蔵、鶏足寺跡を通って頂上に至るのが一般的なコース。また尾根へと登る登山口からさらに林道を進んでから、尾根へと取り付いて六地蔵の上で合流する道もある。他に頂上から稜線を南下して、鉄塔巡視路を石道寺へと下るコースもあり、このコースをとって周回する登山者が多い。私は歩いていないが草野川の西俣谷からの鉄塔巡視路もルートとなるだろう。積雪期は本文中に書いているように頂上から北へと辿り、九二三mピークから南西に古橋へと至る尾根はボリュームのあるコースとなる。

炭焼きの古道

関西電力株式会社発行の『江美・水送山迎』には美濃

く雪を戴いた神々しいばかりに光る白山の姿を眺めると、観音さまに祈りを捧げた人びとの気持ちが分かるような気がする。

己高山は山岳仏教の中心地として栄え、麓の里では時代をゆるがすような合戦が行われ、歴史の交差点となった場所でもある。そしてそんな時代を乗り越え人びとの暮らしを見守ってきた観音の里として、現在も仏教文化が生き続けてきている。山と一体となった歴史や文化を含めた全体として山を見て歩けば、山歩きももっと楽しいものになると思う。山頂だけを目指す山歩きでは深く広く山を見つめることはできないのではないだろうか。

私もまた石道の観音さまに会いたくなったら己高山へと足を向ける。春や秋、尾根を登って六地蔵を拝んで鶏足寺跡の静かな森を抜けて山頂に立つ。地味だが味わい深い山である。春は鶏足寺跡にクリンソウが咲き、稜線は自然林が続いて秋の紅葉期の色彩りが美しく、石道へと下る尾根からの琵琶湖の眺めが雄大に広がる。里近い山だが、山頂から見る湖北奥山から美濃や白山の山々への深まりと、眼下に広がる湖北の平野や琵琶湖の明るい広がりが見事に調和している。

己高山に初めて登ったのは冬だった。雪の多い年だったので山スキーで登れるチャンスと捉えて、ワカンではなくスキーで登っている。頂上から北の九二三mピークまで辿り、そこから西へ古橋へと延びる長大な尾根を下っている。寡雪の昨今ではもうこんな里近い山にスキーで登って滑り下ることはないだろう。古橋の手前で川合へと下っているが、最後までスキーをはいて下っている。三十年以上も前のことで記憶もあまり定かではないが、低気圧通過後の回復途上の天候だったので、山頂からは観音さまを本地仏とした白山

から古橋に至る尾根道のことが書かれている。杉野川上流の土倉で焼かれた彦根藩の御用炭は、古橋まで尾根道を牛の背に乗せ、その後湖畔の山梨子の湊まで運ばれた。この道は美濃まで繋がっており、彦根藩は藩界の検見にこの道を使ったという。この尾根道は以前花房尾を歩いた時に五郎の頭で見た伐り開きで、落谷左岸の尾根を金居原へと下っていたのではないだろうか。金居原からは登谷を経て八草峠道があったし、土倉谷から美濃の神又へと越える道もあったという。

己高庵

古橋からの己高山登山口にある宿。己高山を始めとした湖北の山の登山には絶好の立地となっている。日帰り入浴もできるので、己高山登山の帰りに立ち寄るのもいいだろう。周辺には己高閣や石道寺や渡岸寺などがあるので、湖北の仏教美術にもぜひふれてほしい。

の神々しい姿は望めなかったものの、湖北の奥山や奥美濃の波頭のごとく連なる山々が見えた。中でも蕎麦粒山《そむぎやま》の尖峰が強い印象として残っている。

それから何度もこの山へは登っているが、雪の季節に再訪したことはない。こうして思い返してみると、雪の季節にこそこの山の魅力が最も感じられるように思った。ぜひとももう一度スキーで稜線を滑ってみたいものだ。

渡岸寺からの夕照の己高山

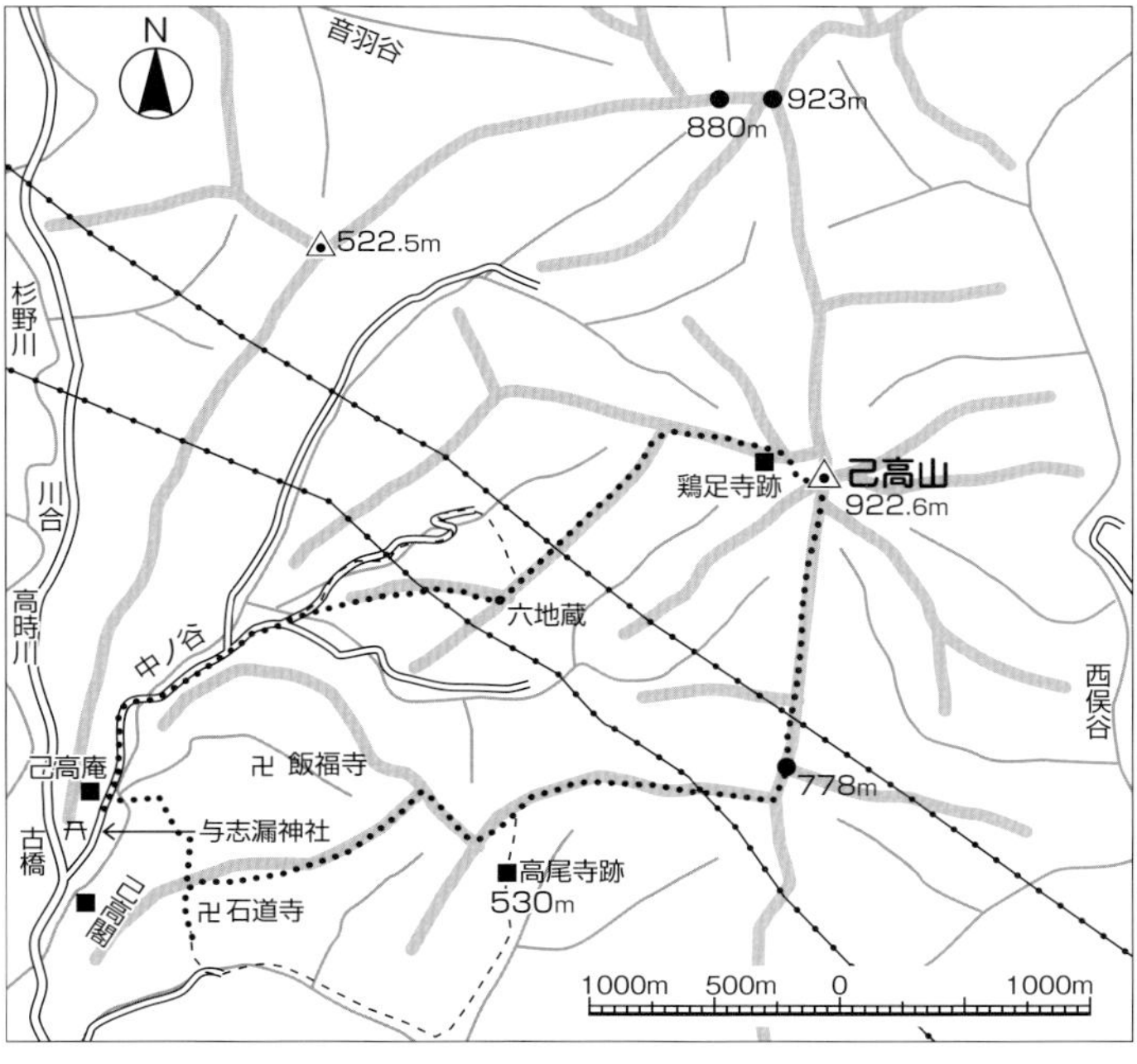

ボリュームアップ里山縦走

七《なな》尾《お》山《やま》　六九〇・七m

上／七尾山北尾根下の鉄塔から見る板並岳　下／北尾根にあるお地蔵様の祠

伐り開かれた七尾山頂上

七尾山の名は稜線から何本も並行して延びる尾根を、姉川《あねがわ》畔から見て表現しているのだろう。平野の最前面に広がる姿は魅力的だ。背後に伊吹山が大きく立ち上がり、その前を七尾山の山稜が横たわっている。この山稜は最後には鳥越《とりごえ》峠の東で県境稜線に合流するのだが、その間あまり目立ったピークも持たない地味な尾根で、七尾山以外ではカナ山や天《てん》吉《きち》寺《じ》山《やま》を歩いている程度である。

二・五万図の「虎御前山《とらごぜ》」を見ると、最奥の県境尾根から順に尾根が四層に分かれ、並行して南北にきれいに並んでいる。県境稜線の前面の二層目にあるのが七尾山の尾根で、その間を姉川が深い流れを刻んでいる。そしてその二層目から三層目の間は草野川が流れ、己高山《こだかみやま》のある山稜が延びている。三層目と四層目は田川という小さな川に区切られ、小谷山や山田山が並ぶ小さな山稜となって平野へと落ちてゆく。地形図を見ているとスケールを縮めながら奥山から平野へと近づいて行くのが分かるが、実際にこれらの尾根を歩いてみても、里山から奥山へと次第に山が深まってゆく雰囲気が実感できるのが面白い。

七尾山は二層目の尾根に当たるのだが、末端に位置しているので眼下に湖北の平野を望む典型的な里山の風情を持っている。よく登られているのが南池からの尾根道で、他にも山麓の集落からいくつも道があるようだが、しっかりと続く道はない。南池からの道は広域農道を横切って林道を進んでから尾根へと登って行く。アカマツなどの雑木林で昔は山麓の人々が入っていたのだろうが、今は静かな道である。山頂も以前は伊吹山の姿がもっとよく見えていたが、木々が生え込んできている。山に入るのは登山者ぐらいなのだろう。

平野からすぐに取り付ける小さな山なので、雪が降った直後に新雪をラッセルしながら登るというのも面白い。またこの山頂だけでは物足りなければ、北へと続く山稜を縦走するというプランもできる。稜線には送電線が続いていて鉄塔の巡視路があるのでしっかりとした道がある。七廻《ななまわ》り峠まで縦走すればかなりボリュームのある一日コースとなる。

私はいつも花を見たり写真を撮ったりという目的で歩く場合は、短いコースをゆっくりと楽しむようにしているが、長いコースを辿ってみたい時や藪がきつそうだという場合は、ひたすら歩くことに専念する。この七尾山から七廻り峠までの縦走は歩くという欲求を満たしてくれた。取り付きも以前に登っている南池からでは面白くないので、姉川側の上板並から昔峠道があったという醍醐《だいご》越を辿ってみた。醍醐越は二・五万図に破線が入れられている、姉川側の上板並から草野川沿いの醍醐へと越えた道である。

麓の上板並《かみいたなみ》で稲刈りに精を出すご夫婦に道を聞いてみると、今はそんな道を越える人などいないらしい。もっともだ。車で走ればあっという間の距離であろう。電気柵をこわごわまたいで山へと入り、破線を辿ってみたが予想通り道はない。植林の斜面を適当に登ると稜線に出る手前で、斜面を横切る道に出た。二・五万図を見ると曲谷《まがたに》ダムから水色の破線がこの七尾山の尾根の山腹に続いているが、この破線付近である。

道はやがて稜線に近づくので尾根上に出て七尾山へと向かった。七尾山付近は送電線がずっと東側斜面を走っているので、巡視路は山腹にあって尾根上には薄い踏み跡がある程度、頂上までは結構きつい登りだった。何年ぶりの七尾山の頂上だろうか。三角点の周りだけは伐り開かれているが、頂上周辺は灌木が茂っていて、展望はあまりきかなかった。

登ってきた尾根を戻り、醍醐越から北へと歩いた。標高五〇〇m台のピークが並ぶ、植

二・五万図／虎御前山、長浜

・登山コース

使われていた道はいくつかあるようだが、登山道としては西麓の南池からよく登られている。醍醐越から北の稜線は鉄塔が続いているので巡視路がある。平凡な里山なので七尾山の山頂へと登るだけでなく、ちょっと変化をつけて歩いてみたい。

七廻り峠・醍醐越

この両峠は姉川と草野川を結ぶ貴重な峠道である。七廻り峠はかなり昔から林道が越えているので旧峠道はまったく知らないが、ずっと昔、江美国境の国見峠、日越、新穂峠を越える山旅からの最後、この七廻り峠を越えて岡谷に出た、私にとっては印象深い峠だ。

醍醐越は本文にある通り上板並から登ってみたが、姉川側の峠道はまったく分からなかった。一方の草野川側は関

電の巡視路札があったので、直下の林道から鉄塔巡視路と使われているようだった。昔は姉川源流の集落の人びとが頻繁に越えた道であったと思われる。

姉川畔からの七尾山（右奥は伊吹山）

ギンリョウソウモドキ

林地と雑木林の続く緩やかな尾根だ。鉄塔を目標に進めば間違うことはない。九月の中旬という季節は中途半端で変化に乏しい時期だ。花もホツツジやヒヨドリソウが目についた程度だが、ギンリョウソウモドキ（アキノギンリョウソウ）を初めて目にすることができたのは収穫だった。昔はこの稜線上に大きな寺院があったというが、そんな雰囲気は感じられない。ただ道脇に一箇所だけ石仏が祀られていたのが印象に残った。

暑さが残っている季節なので単調な長い尾根歩きはこたえ、七廻り峠に着くやいなや路上の木陰に座り込んでしまった。このまま寝転んでしまいたい気分だったが、車まで戻らなければならないので、何とか重い腰を上げて歩き出した。

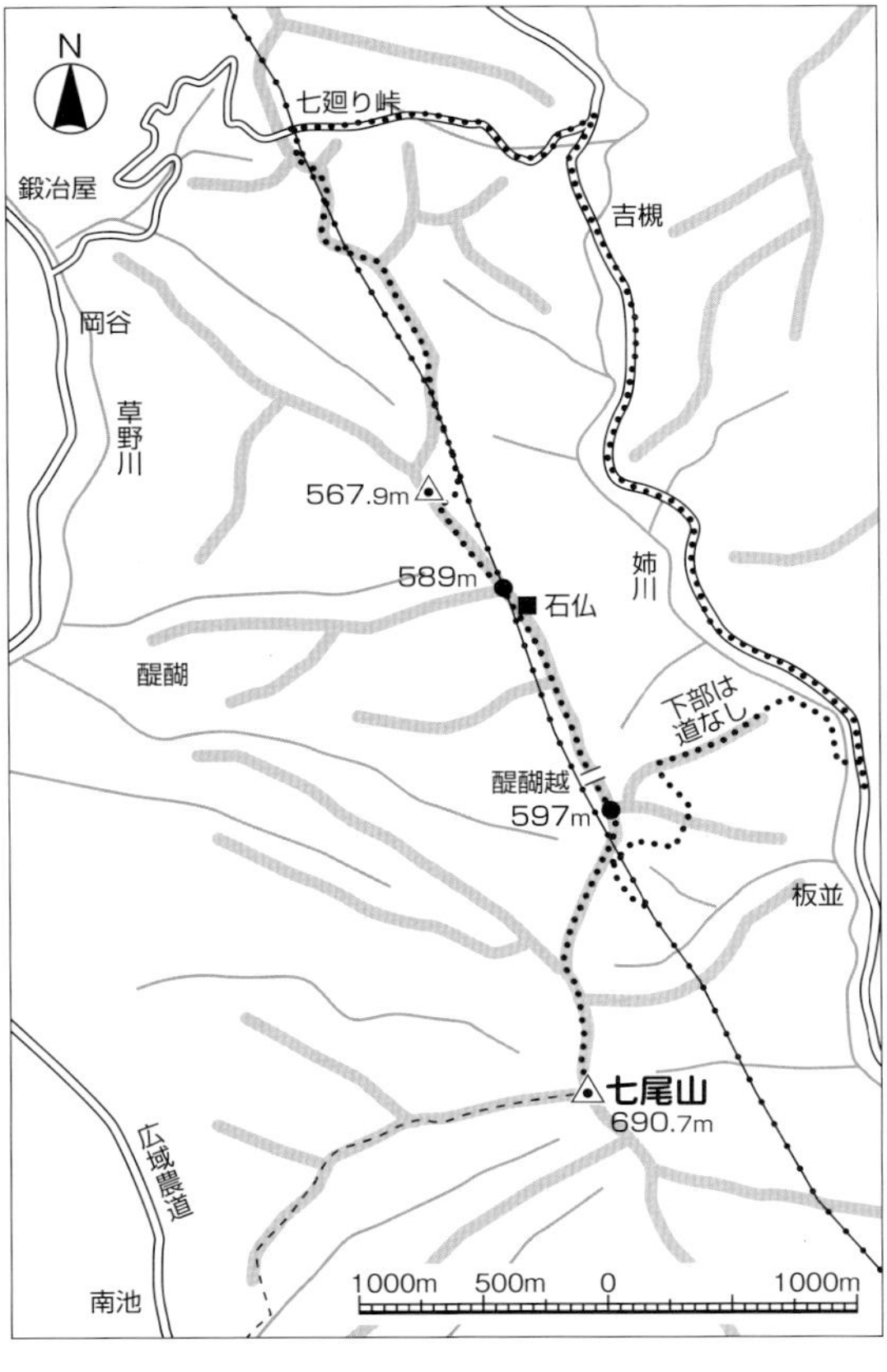

山岳寺院跡を訪ねて

天《てん》吉《きち》寺《じ》山《やま》 九一七・八m

大吉寺跡の石仏

右頁
上右／稜線の天吉寺山の頂上手前

上左／大吉寺跡付近の池

下／大吉寺跡付近の美しい林

湖北には山上、山中に大きな寺院があった山が多い。この山麓にも貞観七（八六五）年の草創と伝えられる大吉寺《だいきちじ》がある。山名は天吉寺山であり、天吉寺の名を残す通り、大吉寺は天吉寺の子院のひとつなのだろうか。現在は山麓に大吉寺を残すのみだが、山中には創建当時の堂宇の遺構が残されている。

天吉寺山山麓の草野川沿いには集落が続き、かつては多くの人が入っていたことだろう。山の下の方ではアカマツなどの混じる雑木山で、山上の稜線は伐採されたあとの灌木が密生している。山の風景的にはいまひとつ落ち着きが見られないが、大吉寺跡周辺だけは美しい林が残されていた。

この山にはずっと昔に積雪期に登っているが、大吉寺跡は訪ねていなかったので、ぜひもう一度雪のない頃に歩いてみたいと思っていた。昔歩いたコースは下之森神社から尾根に取り付いているので、松尾尾根と呼ばれるコースを歩いたと思われる。下りは稜線を北へ九九九mピーク付近まで歩いてその西尾根を辿って高山の発電所の導水管に下りてきている。昭和五十六年の大豪雪の年で、野瀬の集落も雪の壁の間をバスが走る、まるで深い雪国の村を見ているかのようだった。もうこんな大雪を見ることはないだろう。そんな年だっただけに、こんな里に近い山でもスキーが使えるのではないかと、スキーで登っている。滑り下った西尾根はほとんど藪に煩わされることなく滑ったように記憶している。この山をスキーで登るとは今では考えられないことだろう。暖冬の昨今、今年こそ大雪に見舞われるのではないかと、毎年雪を心待ちにしているのだが、大雪どころか湖北の山とは思えないような年が続いているのは寂しい限りだ。

二・五万図／虎御前山

・登山コース

野瀬奥の大吉寺から谷沿いに大吉寺跡へと登る道がある。頂上へは大吉寺跡から稜線に出て北上するのだが、稜線上には道はあるものの踏み跡程度。ほかには踏み跡程度のルートはあるようだが、いずれも頂上までしっかりとした道はない。

天吉寺山頂上は小さく伐り開かれていた

大吉寺の駐車場に車を置いてお寺の周辺を歩いてみた。本堂は背後に背負った山との調和が見事だった。大吉寺跡は右の谷を登るようだが、寺跡は下山時に訪ねることにして登るルートをさがした。案内図を見ていると下之森神社との間の谷に、道が描かれていたのでここから登れそうだったが、本堂の裏に送電線の巡視路があったので、寺の背後の尾根を登り詰めようと取り付いた。

アカマツの雑木林の中にしっかりとした道が続いていたが、倒木なども多くあまり人が入っている様子がなかった。すぐ鉄塔に出ると目の前に均整のとれた山が見えている。小《お》谷《だに》山だった。その背後には琵琶湖が霞んで見えた。鉄塔は隣の尾根へと移って巡視路は終わるのだが、尾根にはまだ道が続いていた。色づき始めた木々の間の道は、やはり登るにつれあいまいになり、稜線直下の急な斜面でついに樹林の中に埋もれてしまった。しかしケモノ道のような薄い踏み跡が続いており、人が歩いたかつての道のようでもある。もう判別できないので、歩きやすいところを選んで登って行った。

稜線に出たところでは道と分かるほどの分岐となっていた。昔はこの尾根を使って稜線まで上がっていたのだろう。稜線には踏み跡があるにはあるが、あまりはっきりとしていない。三角点などを求めて歩く人も多く、この山も少しは知られているので、もう少ししっかりとした踏み跡があると思っていたのに意外だった。ほとんど大きな木がなく雑然とした灌木が続いており、その中に点々と赤い目印のテープなどがぶら下がっていた。

灌木の間を潜るようにして縫っていく。もう少しブナなどが残された落ち着いた林かと思っていたが細い木ばかり。踏み跡を辿って行くと三角点が目に入った。小さく伐り開か

大吉寺跡への登山口の一坊跡
に建つ現在の大吉寺

れ踏み跡もここでぴたりと終わり灌木に閉ざされた。こうして山頂まで辿ってみると、あいまいながらも一応道として踏まれていることが分かる。古い山名札が一枚付いているだけのきれいな頂上だった。周りの木々に針金やビニールひもで山名札がいっぱいぶら下がっている山があるが、なんでこんなものわざわざ持ってきて付けるのか、いつも不思議に思う。ご苦労なことだ。

大吉寺跡へと下るには稜線を南へと進む。歩くにつれ生え込んだ灌木帯から明るい雑木林へと移っていく。左には姉川の谷が開け田んぼが見えている。曲谷の田んぼだろうか。尾根は明瞭で大吉寺跡への分岐もすぐに分かった。空ビンがぶら下げてある。下って行くと大きなブナもある広々とした森に入った。稜線の樹林の様相とはうって変わった、雰囲気のいい美しい樹林の中だった。じっと立ち止まってここにお堂がある風景を想像してみた。ゆるやかに傾いたこの森の中にいくつものお堂が建てられていたのだろう。いまは苔むした石塔などに跡を残すだけだ。広大な寺跡のさまざまな遺構をゆっくりと巡り終わると、もう立ち止まることなく一気に下った。

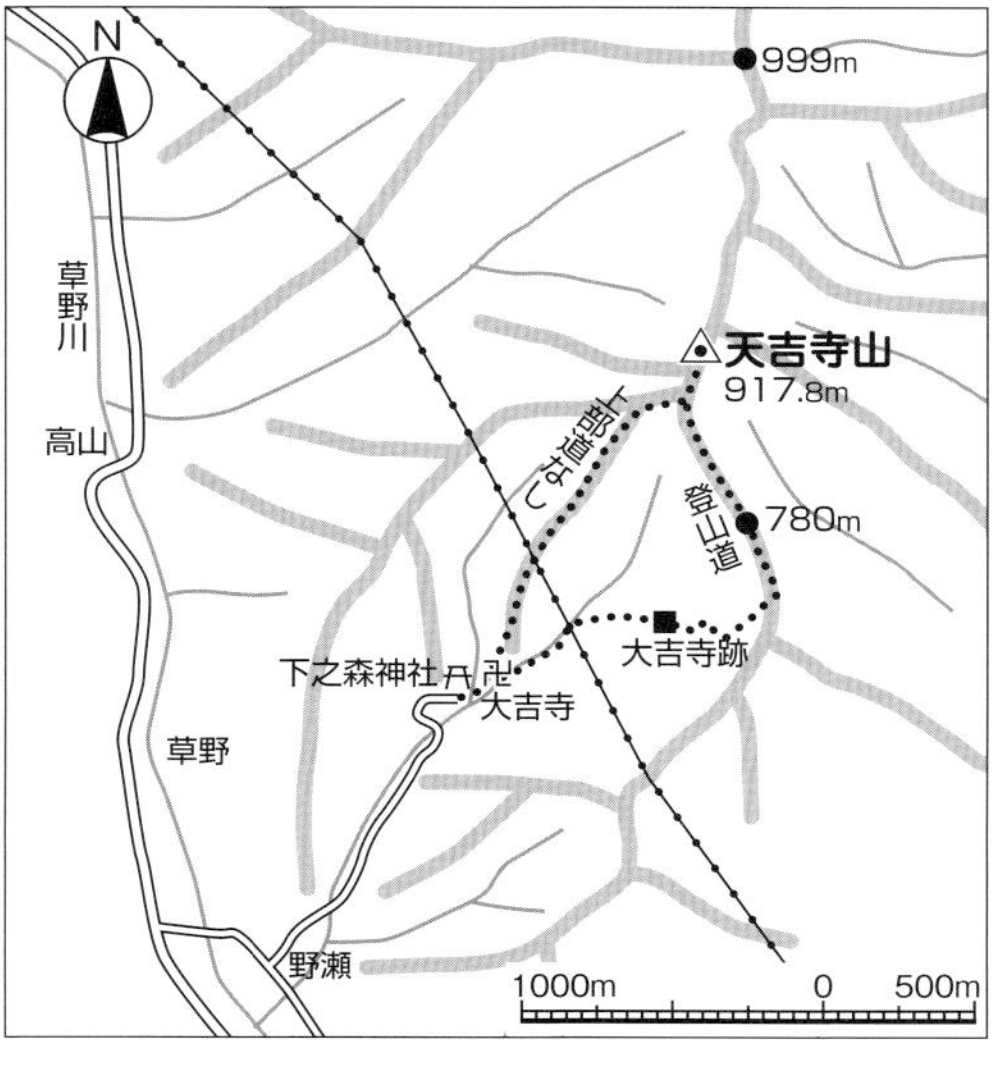

迷い迷って神の池へ

カナ山（大《おお》洞《ぼら》）九八五・八m

カナ山北の1057mピーク

稜線は薄い踏み跡程度

右頁
稜線上にある夜叉が妹池。思ったよりも大きかった

越美《えつみ》国境の夜叉《やしゃ》ヶ池は何度か登っているが、湖北の草野川東俣《ひがしまた》谷の東側の尾根にある夜叉が妹池《いもいけ》へは行っていなかった。この尾根は金糞《かなくそ》岳の南の鳥越峠の東にあるピークから南走しており、あまり目立ったピークを持ってない。草野川の最奥集落である高山の東に天《てん》吉寺《きちじ》山があるが、この山とて三角点があるだけの、山稜上のひとつのコブといった程度だ。あと一つ三角点があるのがカナ山と呼ばれている山で、点標名は大洞といい付近に夜叉が妹池がある。この山はさらに目立たず、三角点は標高一〇五〇mのコブの南肩にあたるところにある。登ってみようと思ったのはもちろん夜叉が妹池の存在である。

山上の池には不思議を感じ神秘な想像をかきたてられる。越美国境の夜叉ヶ池などはまさにその代表だろう。天気の悪い日に池に出合うと、幽玄の世界にさまよう雰囲気があり、信仰や伝説が生じるのも当然のように思えてくる。そうした話に興味を抱かれて、泉鏡花の『夜叉ヶ池』のような戯曲が生まれてきたのだろう。昔の人々の自然に対する思いや関わり合いというものが、今よりはるかに濃密であったということである。

カナ山のある尾根を訪れたのは三十年以上昔になるだろうか。冬に天吉寺山に登っている。それ以来ずっとご無沙汰だったのだが、この夜叉が妹池を訪ねる少し前に天吉寺山に登った。静かな山だった。道もそんなにしっかりとしたものではなく、本当に山を歩いているなと感じさせてくれた。近頃は安全面ばかりが叫ばれ、あまりに道が広く拓かれすぎているのではないだろうか。もとより山登りは危険な行為なのである。

この天吉寺山もそんなお気楽な山を想像していた訳ではないのだが、思ったより道もあやふやで、山頂から北は灌木が生え込んでいたのは意外だった。これなら夜叉が妹池も手

二・五万図／近江川合、虎御前山

・登山コース

二・五万図の近江川合図幅の南端の谷(カヤ谷)に、新しく造られた道が稜線近くまで上がっていた。稜線は薄い踏み跡があるが、ケモノ道程度の踏み跡でずっと続いていない。同じような小さなピークのアップダウンが続くので分かりにくい地形だ。夜叉が妹池も結構大きな池だが、稜線が広くて藪なので分かりにくい。

夜叉が妹池

この池は地元では奥の池、カヤノタニの池、夜叉妹池、妹池などと呼ばれている。草野川奥の高山の白竜神社の湧水はこの池から通じているとされ、水源とされたこの池で雨乞いが行われていたのだろう。こうした竜神伝説から有名な夜叉ヶ池の妹池とされて夜叉ヶ池の妹池とされただ

応えのある山歩きとなるのではと、緊張感を感じていた。

ところがこんな緊張感にもかかわらず、登った谷を一本隣りの谷と勘違いしていたのである。この失敗のもとはといえば、私が持っている二・五万図の近江川合が古いもので鳥越林道がのっていず、さらには車で来ているので谷をよく確認していなかったためだ。取り付きは丁度二・五万図の境で、虎御前山《とらごぜんやま》図幅の一番北の端にある谷を東へと登っていると思っていたのだが、実はさらに上流側の、近江川合図幅に入って少し行った谷（カヤ谷）を登っていたのだった。登山中もずっと気づかず、下った尾根より下流側に車を置いたはずなのに、林道を下っても車がなく、元へと戻って少し上流側に歩いたところに車があったので、やっと登った谷が間違っていたことに気がついたという体たらく。

この間違いの原因はあとひとつある。登った谷につい最近道が拓かれていて、ほとんど地図を見ない間に稜線に出てしまったからだ。稜線も直線的で小さなピークが並んでおり、しっかりとした現在地確認ができないまま、進んでしまったので一層分からなくなってしまった。しかも稜線を歩いても夜叉が妹池を見つけることができず、結局一〇五七mピークまで歩いてしまった。この一〇五七mピークは地形的に特徴があってこのピークと特定できたので、ここからよく地図を見ながら戻れば分かるだろうと思った。

しかしこの考えも少し歩いてから甘かったことに気づかされた。藪があり小さいアップダウンが続く地形は読みにくく、しかも夜叉が妹池も見つからず藪の中を右往左往、もう諦めかけて歩いていた時、ふと横を見ると窪みがあり細長い水面も見えた。往きになぜこんな大きな池を見逃したのだろうか。間違いない、これが夜叉が妹池だ。ということは残

カヤ谷に新しく造られていた道

けで、江濃国境の夜叉ヶ池との伝承的なつながりはないように思われる。私の所属する山岳会の例会での古い記録によると、池の横には白木の杭が打ち込まれていて、正面に「白竜大神神域」、側面に「天吉寺月□坊雨乞池」、裏面に「昭和五八年七月□日□奉賛会」と墨書きされていたと書かれている。当時はまだ行事が行われていたのだろう。

念ながらカナ山はもう通り過ぎており、三角点は確認することができない。

手こずらせてくれた池をぐるっと一周してみた。藪に囲まれてあまり神秘感も感じないが、見つけられてよかった。二・五万図でこの辺りだろうということは分かるが、しっかりとは特定できない。やはりGPSがあればと思った（この後日GPSを購入）。

さて下りだが、稜線のどこに上がってきたのかがさっぱり分からない。しっかりと続いていた道も稜線上までは上がっていなかったので、探すのは難しい。登って来たはずの谷の北側の尾根を下ることにした。虎御前山図幅に入ったところから西へと延びている尾根で、稜線直下に九一一mの標高点が入っている尾根である。稜線を行き来し慎重に地図を確認しながら、確かめてから尾根に入った。そんなに藪はひどくはなく、かすかな踏み跡を求めて強引に下った。鳥越林道へと下りてから少し下ったら車があるはずである。ところが車はなかった。そんな馬鹿なと下りたところに戻り、さらに林道を少し登ってみると、見覚えのある谷の出合いに車が置かれていた。狐につままれたようだった。

しかしよく考えてみれば、ここを登ったと思っていた谷が違っていただけの話である。何ともお粗末な登山だったが、面白い一日だった。

花を巡り歴史を訪ねる

伊《い》吹《ぶき》山《やま》

一三七七・三m

春の上平寺尾根の上平寺城本丸跡

右頁
シモツケソウが中心となって咲く
夏の山頂お花畑

初めて伊吹山に登ったのはいつだっただろうか。山行ノートをめくってみると昭和四十五年十二月である。前夜に近江長岡駅から登山口まで歩いて、三之宮神社の境内で泊まって翌朝登っているのだが、当時この神社で泊まって伊吹山へと登る登山者が大勢いたことを記憶している。あの頃は近郊の山でも夜から列車で出かけて、駅や周辺の神社などでよく野宿した。この時は山頂南面の急斜面でピッケルを使って雪上停止などの訓練をし、帰りは尻セードで下った。正月の槍ヶ岳への冬山合宿を前にしてのトレーニング山行であった。初めての三〇〇〇メートルの冬山だったのでボッカやアイゼントレーニングを続け、緊張ある厳しくも楽しい日々だった。懐かしさでいっぱいだ。

それからこの山には何度登ったことだろうか。いつも冬山へのトレーニングの山として登る最も身近な雪山だったと思う。伊吹山はお花畑が有名なことは知っていたが、当時はまったく山の花などに興味がなかったので、石がごろごろと転がるジグザグ道の単調な登りのこの山は、さまざまな山を知るにつれ次第に疎遠になっていった。またドライブウェイが頂上近くまで登っていたのも敬遠したくなる理由のひとつだった。

しかしいつの頃からだろうか。伊吹山はドライブウェイが通るお花畑の山という固定されたイメージから解放され、この山に対する気持ちが変化し始めた。北尾根や岐阜県側からの笹又《ささまた》から登る道があることも知り、歩いてみると素晴らしい登山道であった。また山の花にも興味を持ち始めていたが、この山のどこを歩いてもさまざまな花と出会えることを知った。そしてさらに近づくきっかけとなったのが笹又での炭焼きのことだった。それは笹又では昔は炭焼きが盛んで、焼いた炭は関ヶ原の玉にある問屋へと人の背によって峠道を運ばれた、という話を昔笹又に住んでいた人から聞いたことからだった。

　滋賀県と岐阜県にまたがる大きな山、この山の麓にはさまざまな暮らしがあり、そんな人びとの生活の道がこの山中に縦横に走っていたのだ。現在の正面登山道も草を伐り出すための道であったのだが、伊吹の山中のあらゆるところに炭焼きや薬草採り、草刈り、修験者など、人びとの生活があったのである。歩くうちにそんな昔の生活の断片との出合いがあり、いっそうこの山の懐の深さに魅かれるようになったのである。もちろん華麗に咲く花の魅力に捉えられたのもこの山にはまった大きな要因ともなっている。伊吹山はさまざまな角度から見てみれば登山の山としても魅力がある山であることが分かるのに、ドライブウェイが走る観光の山としか見ていない登山者が多いことは残念なことだ。

　またこの山を知るには山だけでなく山麓を歩いてみるのも面白い。山裾には関ヶ原から木之本を結ぶ北国脇往還が通じていて、さまざまな歴史が刻まれてきた。特に戦国期には姉川の戦い、賤ヶ岳の合戦、関ヶ原の戦いと、歴史を揺るがす対決があったことは知られている。伊吹山を見上げながらこんな道を辿ってみるのも楽しいものである。道中には石灰岩の山ならではの湧水が多くあるし、遠い歴史を見つめてきた巨樹とも出会える。まず麓を一巡りしてみれば伊吹山への見方も違ったものになるのではないだろうか。

　次に伊吹山へと登って行くのだが、山麓歩きとは逆に今度はドライブウェイで一気に山上へと上がってみてはどうだろうか。ドライブウェイは南東尾根の尾根通しに上がってゆくのだが、登りながら眺める眺望はこの山の全体像を摑むのにも役立つことだろう。笹又から炭を背にして運んだ峠道というのもこの南東尾根に沿って続いていたのである。昔の

二・五万図／関ヶ原、美東

・登山コース

滋賀県側からは三本の登山道がある。正面登山道と弥高尾根道、上平寺尾根道で、弥高尾根道と上平寺尾根道は途中で合流し、この道はさらに五合目で正面登山道に合流するので、結局は頂上まで登れるのは正面登山道の一本だけ。弥高尾根道と上平寺尾根道は合流してから五合目までは道が分かりにくいので、山慣れない人は両尾根を周遊するのがいいだろう。このコースも春は花が多く、弥高寺跡、上平寺城跡などの歴史を楽しむハイキングコースとなっている。頂上に至る正面登山道は傾斜が急で、石がごろごろと転がる道なので注意したい。またバリエーションルートとして西尾根、川戸谷、南東尾根などがある。藪こぎの厳しいルートとなる。

伊吹山の花

伊吹山は麓から山頂まで、草原から樹林帯まで、低山でありながら、多くの花が楽しめる。その植生の特色は、伊吹山だけの固有種が多い、北方性、高山、亜高山性の植物が多い、日本海側に分布を持つ植物が多い、石灰岩地特有の植物が多い、西南日本に分布する植物がある、といったことがあげられ、この山独自の豊かな植生をつくりあげている。こうした中でも特にイブキ〇〇〇と名の付く固有種や、グンナイフウロ、イブキトラノオ、キンバイソウなどといった高山性の花と出会えるのが楽しみだ。

そば発祥の地　伊吹山

伊吹山はそば発祥の地と言われていて、現在も随所にそば畑を見ることができる。そんな伊吹山の麓に「そば処伊吹野」がある。時折立ち寄るが、私が好きなのは伊吹大根を使ったおろしそば。

人はこんなところを行き来していたのかというのも実感できるだろう。山上の駐車場からは三〇分で頂上に着く。八月初旬の花の最盛期に山上を一周してみれば、伊吹山の花のすごさを感じることができる。

そしていよいよ登山口から歩いて頂上を目指してみよう。現在ゴンドラが動いていないので一合目からの歩きとなる。頂上まで登るのは暑い季節だとかなりきついが、三合目までタクシーが入るので、それで上がることもできる。三合目の草原に出れば涼やかな風が吹き抜ける。図鑑片手に名前を調べながら登れば、登りの苦しさもすこしは和らぐことだろう。花を楽しみながらゆっくり登ってみよう。

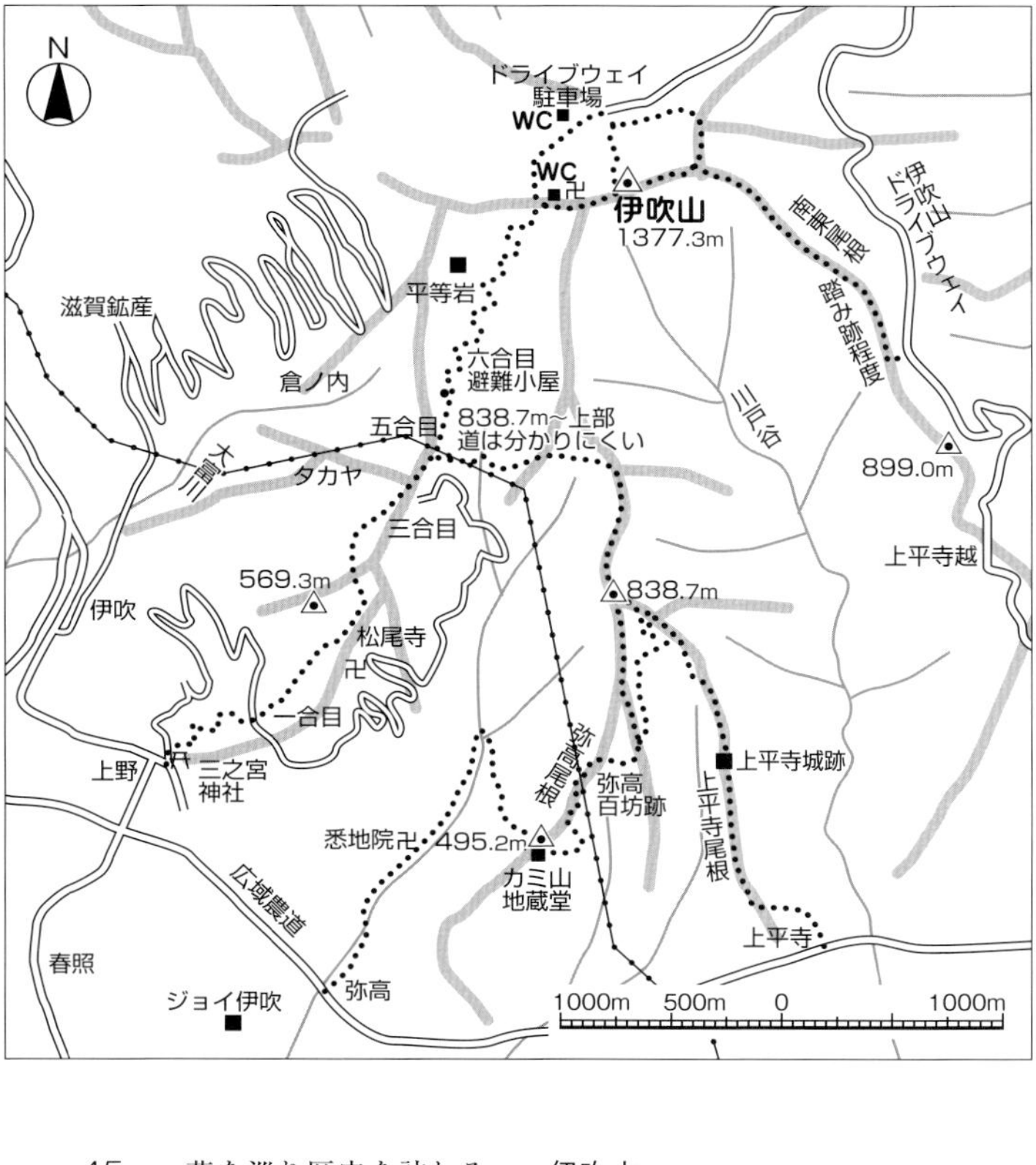

花に誘われて歩く

御《ご》座《ぜ》峰《みね》　一〇七〇・一m
国《くに》見《み》岳《だけ》　一一二六m

上／ヤマブキソウが咲く北尾根登山道　　下／笹又コースの静馬ヶ原付近

イブキコゴメグサ
マネキグサ

フシグロセンノウ
イブキレイジンソウ

カラマツソウ
ウメバチソウ

ルイヨウボタン
グンナイフウロ

サンカヨウ
ヤマブキソウ

ザゼンソウ
エイザンスミレ

伊吹山はドライブウェイの走る南東尾根や北尾根までを含めた全体を見ると、一三〇〇mあまりの山とは思えない雄大なスケールを持つ山となる。ここではその大きな伊吹山を、岐阜県側の笹又《ささまた》や国見峠から登る笹又道、北尾根道にある御座峰・国見岳と、正面登山道や弥高《やたか》尾根、上平寺《じょうへいじ》尾根などの滋賀県側から登る伊吹山本峰とに分けて書いてみた。

伊吹山の魅力といえば、何と言っても多様な花の素晴らしさであろう。三合目から山頂一帯の草原性のお花畑と、笹又から北尾根へと続く樹林帯の花の両方が楽しめ、この伊吹山全体を広く歩いて初めて伊吹の花の魅力を知ることになるだろう。山頂のお花畑が特に有名で、シモツケソウやニッコウキスゲ、クガイソウなどが群生する山頂のお花畑は華やかだ。しかし花の素晴らしさはそれだけではない。樹林帯のある笹又道や北尾根道でも多くの珍しい花が見ることができる。このコースは春から秋まで花が楽しめる登山道で、伊吹山を眺めながら山稜を歩く縦走は何度歩いても飽きることがない。この登山道でよく見られる花をあげてみると、その多様さには驚かされる。春のザゼンソウ、セリバオウレン、ニリンソウなどから始まって、初夏から夏そして秋へとグンナイフウロ、ギンバイソウ、シデシャジン、フシグロセンノウ、イブキコゴメグサ、イブキレイジンソウ、マネキグサ、ウメバチソウ、アキノキリンソウなどと続き、名前を上げてゆくときりがない。

笹又から北尾根の静馬《しずま》ヶ原《はら》、御座峰、国見岳、国見峠の縦走は日帰りでも歩けるコースだが、コースの中間の御座峰くらいで二つに分けて往復すると、一日で丁度いい距離となる。登山口となる笹又は伊吹山の東側斜面に広がる谷間で、現在では人は住んでいないが畑が作られている。もともとは麓の揖斐《いび》川町(旧春日村)の川合や小宮神《こみかみ》あたりの人たちの

二・五万図／美束、関ヶ原

・登山コース

伊吹北尾根と呼ばれている大垣山岳協会が開いた登山道。春は花が多く、秋は紅葉が美しい素晴らしいコース。県境の国見峠から岐阜県側の笹又とを結ぶコースで、春は多くの登山者の歩くコースとなっている。また伊吹山ドライブウェイを車で上がって手軽に楽しむこともできる。積雪期は雪も多く厳しいコースとなる。

上平寺越

滋賀県側の上平寺集落から岐阜県側の笹又へと越える峠道。稜線の峠は岐阜県側では江州峠と呼ばれていて、炭焼きが盛んなころはここから稜線沿いに歩いて関ヶ原の玉へと炭を運んでいた。江州峠というのは、ドライブウェイが稜線の西側から東側へと移るあたりで、ここから岐阜県側は昔の雰囲気を残す道が左の

出づくり地だったという。日当りの良い南斜面の段々畑が広がる谷間は、まさしく桃源郷のような地。春の笹又からの伊吹山は何度歩いても飽きることのない素晴らしい山だった。

畑地から樹林の中に入り登って行くと、春なら濃い黄色のヤマブキソウ、夏になると妖艶な朱に染まったフシグロセンノウや深い紫のシデシャジンがそこここで見られる。ドライブウェイ直下まで上がると、島状に残る樹林から静馬ヶ原まで広がる草地の急斜面が続くが、ここは花好きにとっては夢の園だ。春から秋まで多くの花と出会うことができる。

静馬ヶ原で北尾根と合流して北尾根道を歩くことになるが、北尾根も草地と樹林帯が交互に現れ、国見峠まで花が途切れることがない。石灰岩質なので滑りやすくアップダウンも多いので楽な道ではないが、近年では道もかなりよくなって歩きやすくなった。もちろんこの尾根がいいのは春ばかりではない。全山が広葉樹林なので秋の紅葉もそれは素敵だ。

伊吹山は花ばかりではなく、さまざまな目で見、歩くほどに興味をそそる山だった。笹又は昔、盛んに炭焼きが行われていて、焼いた炭は人の背によって南東尾根から関ヶ原へと下ろしたという。今もとぎれとぎれながらも残るそんな仕事道を何度も探しながら歩いたが、その途中で播隆《ばんりゅう》上人が修行した跡と出合ったのだった。播隆上人といえば槍ヶ岳を開山した人として登山史に名を残す有名な人物だが、その播隆が伊吹山で修行していたのである。伊吹山は古くからの仏教文化が栄えた地で、弥高寺、長尾寺、観音寺、太平寺という四つの大きなお寺があったことが知られているが、江戸期には太平寺だけが残り、山岳修行をする僧がいたという。木っ端仏として知られる円空《えんくう》仏で有名な円空もこの太平寺で修行をしていた僧で、播隆より百年ほど前の人である。麓の春照《すいじょう》には廃村となった太平

南東尾根の斜面にある弥三郎の岩屋

賤野谷へと下りるまで残っていた。一方の滋賀県側も歩いてみたが、昔の峠道はまったく辿ることができなかった。現在、笹又に祀られている石仏は、昔江州峠から関ヶ原の玉へと至る道沿いにある播隆屋敷跡に祀られていたもので、それを下ろしてきたものだという。

寺集落の観音堂があり、円空作の観音さまがお祀りされている。

伊吹山山頂の東斜面には弥三郎の岩屋という洞窟がある。弥三郎というのは伊吹山に残る伝説で、この岩屋を美濃側では播隆上人の風穴と呼んでいたという。ここでも播隆は修行をしていたのだろう。また岐阜県側の戸谷に天の岩屋という洞窟があることを知り、この二つの岩屋探しにも夢中になった。こんなほとんど人の知ることのない伊吹山を訪ねるようになったのは、笹又で盛んだったという炭焼きの人たちの道への興味からだったが、資料を探したり人と会ったりするうちに、どんどんと伊吹山の深みにはまっていった。

伊吹山を歩いてみるとこの山は本当に深くて広がりのある山だと思った。こんな山をもっともっと歩いてみたいという思いから二〇〇九年に『伊吹山案内』（ナカニシヤ出版）を出版するに至っている。伊吹山の詳しくはこの本を読んでいただけたらと思う。

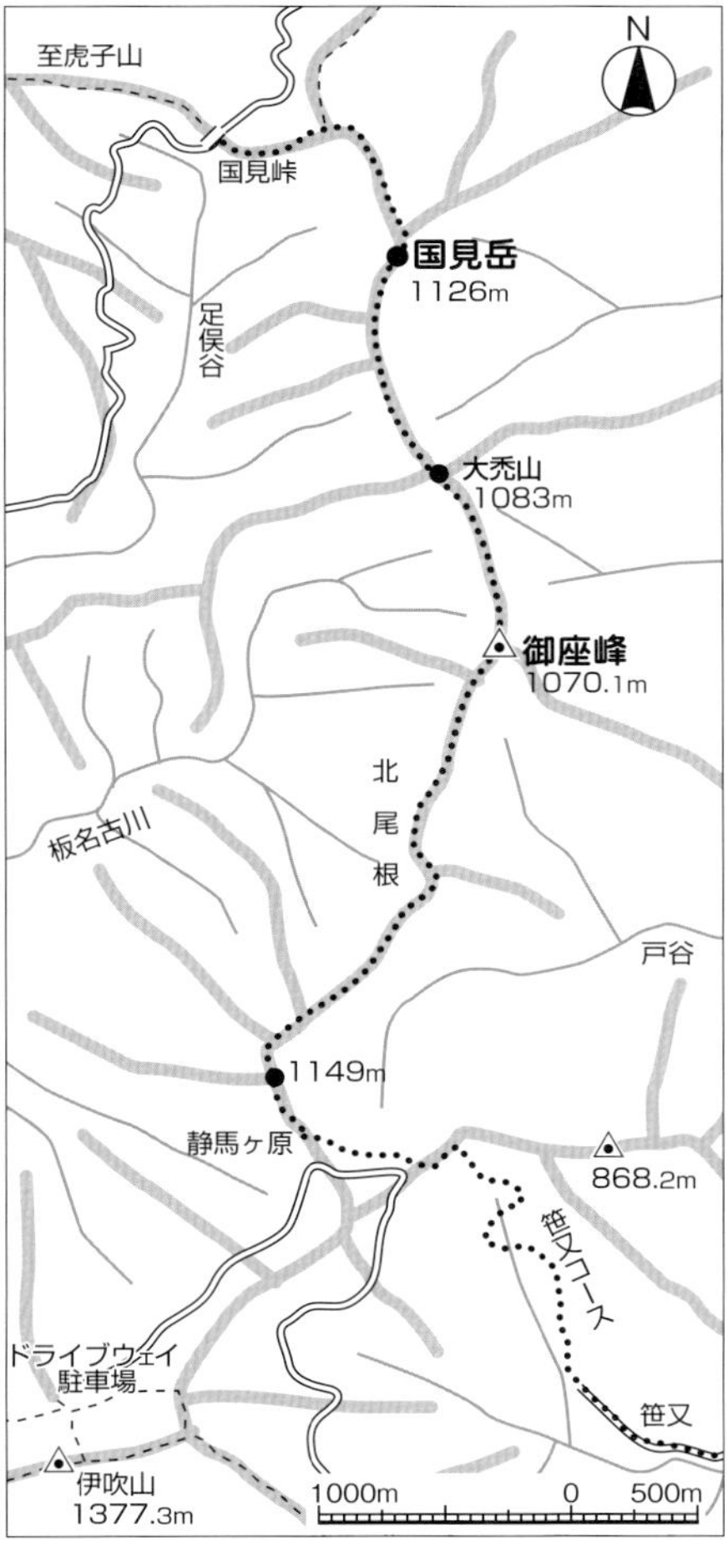

暮らしの記憶が埋もれた山

板《いた》並《なみ》岳《だけ》 八四七・六m

国見峠道のシブト地蔵

小春日和の国見峠道

右頁
上／尾根へと登る仕事道にお地蔵様が置かれていた
下／雪の尾根にヌタ場があり、シカの足跡が続いていた

山の美的基準として一般論を言えば、独立峰的な形の山の評価が高くなる。湖北の山であれば伊吹山や小谷山《おだに》などはその代表的な例であろう。伊吹山やそのミニチュア版のような小谷山も同様、平野からスックと立つその姿に魅せられるのだが、同時に歴史の表舞台に出てくるような出来事も刻まれてきた。深田久弥の『日本百名山』的に言うならば風格を備えた山ということになるのだろうか。歴史の積み重なりも名山の条件のひとつなのだ。

ここに書く板並岳もそうした独立峰的な形の山である。周辺の山からこの山を何度も眺めているが、どこから見ても形のいい山である。しかし板並岳といっても知る人も少なく、歴史に登場することもない埋もれた山。すぐ隣にある伊吹山の陰に隠れるような小さな存在で、いわゆる名山とはほど遠い山である。

登ったのは初冬の暖かな光が降りそそぐ、里山にはふさわしい一日だった。そしてそこで出合ったのが小さな石のお地蔵様。いつ誰が運び上げたのだろうか。どうしてここに石仏を祀《まつ》ることにしたのだろうか。

里から細々とした道が続いていた。昔は炭焼きなどがされていたのだろう。麓の人々が毎日のように通う道。そんな道に石のお地蔵様はポツンと置かれていた。歴史の表舞台とは無縁の山ではあっても、ここには山で暮らす人々の歴史が刻まれている。庶民の暮らしの記憶が積み重なっているのだと思った。

県境稜線の一〇八三mの大禿山《おおはげ》から西に一気に落ち込んでから、足俣川《あしきまた》と板名古川《いたなご》を分ける尾根が西走している。その末端近くで大きく盛り上がっているのが板並岳で、そのきりっとした姿に魅力を感じていた。この尾根上には美濃の春日谷へと繋がる国見峠の道が

二・五万図／美束、虎御前山

・登山コース

登山道としてはないが、下板並から登る尾根に山仕事の道がある。またどこから上がっているかは確認していないが、山頂西の稜線まで林道が上がっている。頂上から東の稜線に国見峠道が越えているので、ここからもしっかりとした道ではないが頂上まで登ることができる。

雪の稜線には踏み跡が続いていた

越えており、美濃側との行き来も頻繁にあった尾根であった。踏み跡くらいはあると想像していたが、里に近い藪山なので冬枯れの好天の日を狙った。

取り付きは下板並へと舌状に延びた緩やかな尾根。田んぼの横から山へと入る踏み跡があった。シカが通る道だろう。この道を伝って林の中に入るとやがてしっかりとした踏み跡に出合った。尾根へと登って行く道は掘れ込まれ、よく使い込まれていた道だったようだ。ジグザグを切って登る途中にぽつりと石のお地蔵様が置かれていた。祀られているというよりも置かれているといった雰囲気だった。山を行き交う人々が手を合わせては通り過ぎたのだろう。積もっている落ち葉を払って手を合わせた。

尾根は稜線を境にして植林地と雑木林に分かれている。植林地の幼木にはプラスチックの鹿除けのカバーが掛けられているので、この道も植林地への道として現役のようだ。七〇〇m付近の足俣川から上がってくる尾根が合流したところで、足俣川側から林道が上がってきていた。雪は少なくこのあたりでやっと足首ほどだ。山腹を巻く林道から尾根へと上がって行くと、頂上までは緩やかな登りが続いた。雪があるので三角点の位置も確認せぬまま、一番高そうなところまで進んでから昼にした。林の中にはヌタ場があり、どろに汚れたシカの足跡が真っ白の林を横切っていた。

頂上からさらに尾根を進んで国見峠道から下ることにした。雑木林が続いており自由に歩けた。無雪期はどうなんだろうか。ここからは豪快に切れ込んだ伊吹山の北面の姿が眺められるが、麓の平野から見る伊吹とは表情がまったく違い、厳しい顔を覗かせている。七四〇mピークで南へと尾根を下ると峠道と出合う。峠道はここから右側の斜面を巻きながら尾根を越えているのだが、現在このトラバース部分は藪に覆われている。この尾根は門田尾《ぼんたお》と呼ばれており、巻き道の分岐にシブト地蔵が祀られている。この部分の峠道はタラシオ、ボンタオ坂と呼んでいたという。ここから下はしっかりとした快適な道が続いて行く。

峠道からは板並岳が見えていた。美しい姿をしている。掘り込まれた道は心地よく、日だまりの落ち葉の上でコーヒーを沸かして一服。冬の晴天の山の楽しみだ。あとは落ち葉を鳴らして下るだけ。

板名古川の河岸段丘に開けた田んぼ、この横から取り付いた

国見峠道から見上げた板並岳

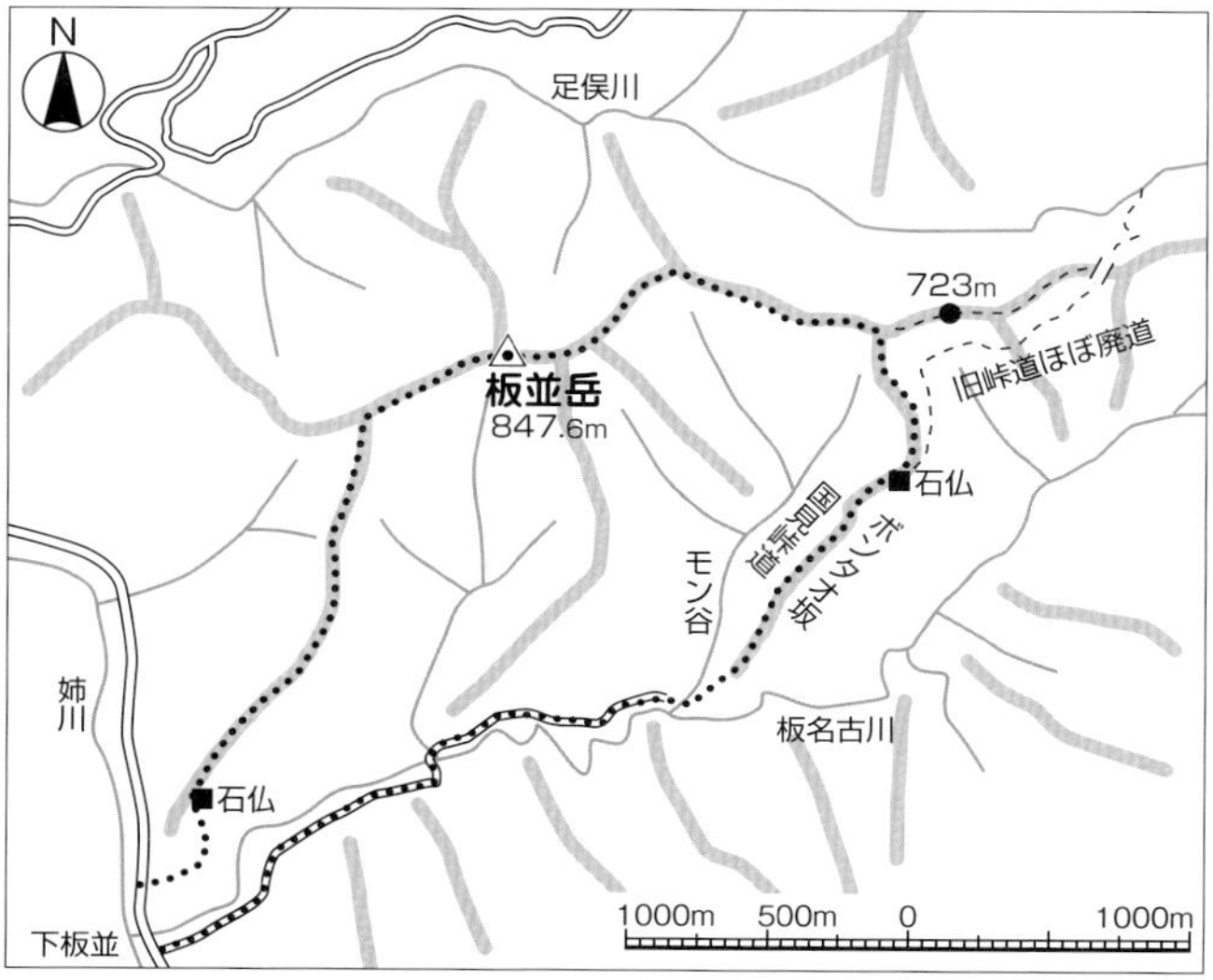

ひとりの山、いい一日

虎《とら》子《す》山《やま》　一一八三・二m

西尾根から見た伊吹山北面の眺望

右頁
上／頂上に登り県境稜線を戻ると伊吹山が大きく開けた
下／県境稜線に登ってもだれもいない静かな山だった

湖北の山々の中にあって虎子山の一一八三・二mという標高は堂々たるものだ。しかし私にはあまり記憶に残る山ではなかった。印象に残る山というのは何か感じるものがあるのだが、初めて登った時の印象はほとんど残っていない。

虎子山は冬に二度訪れている。最初の山行はかなり昔のことで、伊吹の北尾根を歩いたときに、時間があったので国見峠からついでに登った山だった。ついでに登っても印象に残る山はあるのだが、国見峠から往復するだけでは心に残る山とはならなかった。こういう経験はよくあって、一日にいくつもの山に登ったときなど、どの山の印象も残らなかったことがよくあった。だから近頃は小さな山でも最短コースを歩かず、遠回りしてでもできるだけ一日にひとつの山だけ登るようにしている。

ここ数年、伊吹山とその周辺を集中して歩いた。インターネットで伊吹山周辺の情報を得ようと虎子山のことを検索してみたのだが、出てくるのは国見峠から往復するものばかりだった。しかしその中で西に長く延びる尾根をスキーで登った記録があってそのコースに興味を持ち、もう一度虎子山へと登ってみたくなった。虎子山へは消化不良の記憶だけしか残っていなかったので、もう一度歩いてすっきりとさせたかった。

西尾根を地図で見てみると末端から頂上までは結構遠い。道がありそうになく藪こぎが長くなれば辛いばかりだ。こうなるともう楽しくない。ということは藪が埋まる雪のある季節ということになる。一人でラッセルして歩くには少し長いと思ったが、雪の条件さえ良ければ何とか届きそうだった。地図だけを見て判断するとき、条件にもよるが遠いかなと思った頂上でも案外登れるものだ。それは小さな山であっても、頂上という目標がある

二・五万図／美束、虎御前山

・登山コース

無雪期、積雪期を通じてほとんどが国見峠から県境稜線を歩くコースがとられている。積雪期なら本文中に書いている足俣川両俣の間の尾根が面白い。下部は道もあって取り付きやすい尾根だった。

国見峠

三十年以上も前に国見峠越えをしたことがあったが、その時は迷ったという記憶がないのでまだ峠道を辿れたようだ。しかしここ数年の間に何度かこの峠道を歩いたが、部分的には伐採、植林などの山仕事道として使用されているので歩けるものの、板名古川側のシブト地蔵から尾根越えして足俣川へと下り、流れに沿って歩く立ち仏の間までが廃道となっている。峠道は美濃の春日村側から利用する人が多く、近年まで近江側の立ち仏まで旧春日村の人たちが

からだ。もちろん想定外のことがあったりしていらいらさせられるが、それも登山の楽しさなのかも知れない。

西尾根では良い方の想定外なことがあった。足俣《あしきまた》林道を歩いてから尾根の末端へと取り付いたが、林道の雪は堅く締まっていて夏道と同じように歩けたし、尾根も締まった雪が続き、強力なサポートとなってくれた。また尾根の下部には深く掘れ込んだ道が残っていたので歩きやすかった。植林時の山仕事の道だろうか、かなり人が入っていたのだろう。

取り付きの上板並の標高は二五〇mくらいなので、九〇〇mほどの標高差である。単独の雪山日帰りではきつい数字だ。ひたすら登り続けるしかない。尾根は単調な登りで、下部では傾斜が強いが、上部では緩やかな登りだ。最初をがんばって登ればなんとかなるだろう。九四六mの標高点あたりで急登もひと息つくので、この付近が目処になると思った。

積雪は多すぎず少なすぎず、藪に悩まされることもなかった。しかし登るにつれてやはり潜るようになり、スノーシューの重さがこたえるようになってきたが、向かい合う伊吹山の姿に励まされた。採石場あたりから北尾根の国見峠まで、伊吹山北面の端から端までが見渡せる素晴らしい風景の広がりだ。

九四六mの標高点を過ぎてから時計を見て、これで何とか登れると思った。一一六三m手前のきつい斜面を登りきると前に県境稜線が見え、もう頂上も目の前。尾根は県境稜線を前に弧を描くようにカーブして合流している。滋賀県側の植林地と岐阜県側の雑木林に分かれ、その間を真っ白い雪稜が続いていた。トレースはまったくなく、無垢の雪に自分の足跡を残していくのは気持ちが良かった。緩やかに延びる稜線はどこが頂上かが分かり

草刈りをして道筋を確保していたという。モン谷出合からシブト地蔵までの門田尾坂と呼ばれている部分は山仕事道としても使用されているので、ぜひ昔の峠道の感触を味わってみてほしい。

国見岳スキー場

安い、近い、楽しいがキャッチフレーズのスキー場。大垣ICから一時間で行けるアットホームな感じのスキー場。

西尾根の下部は掘り込まれた道があった

にくく、頂上とおぼしきピークよりさらに北に進んでから腰を下ろした。もう進むこともない。まだ下山があるが、いい一日になった。

山の一日を終わるとき、〝いい山だったな〞とか〝もうひとつだったな〞などと、いつも答えを出しているように思う。同じピークへと登るにしても、国見峠から登るのとはまったく手応えが違い、自身が求める登山の悦びの大切さを考えさせられた。こうした思いに応えられるものとは何なのだろうか。漠然とした答えとしかならないが、〝山の質感を知る〞ということなのではないかと思う。最短のコースで確実に頂上に登るだけでは決して得られないものがある。それが山歩きを楽しくさせる何かではないだろうか。

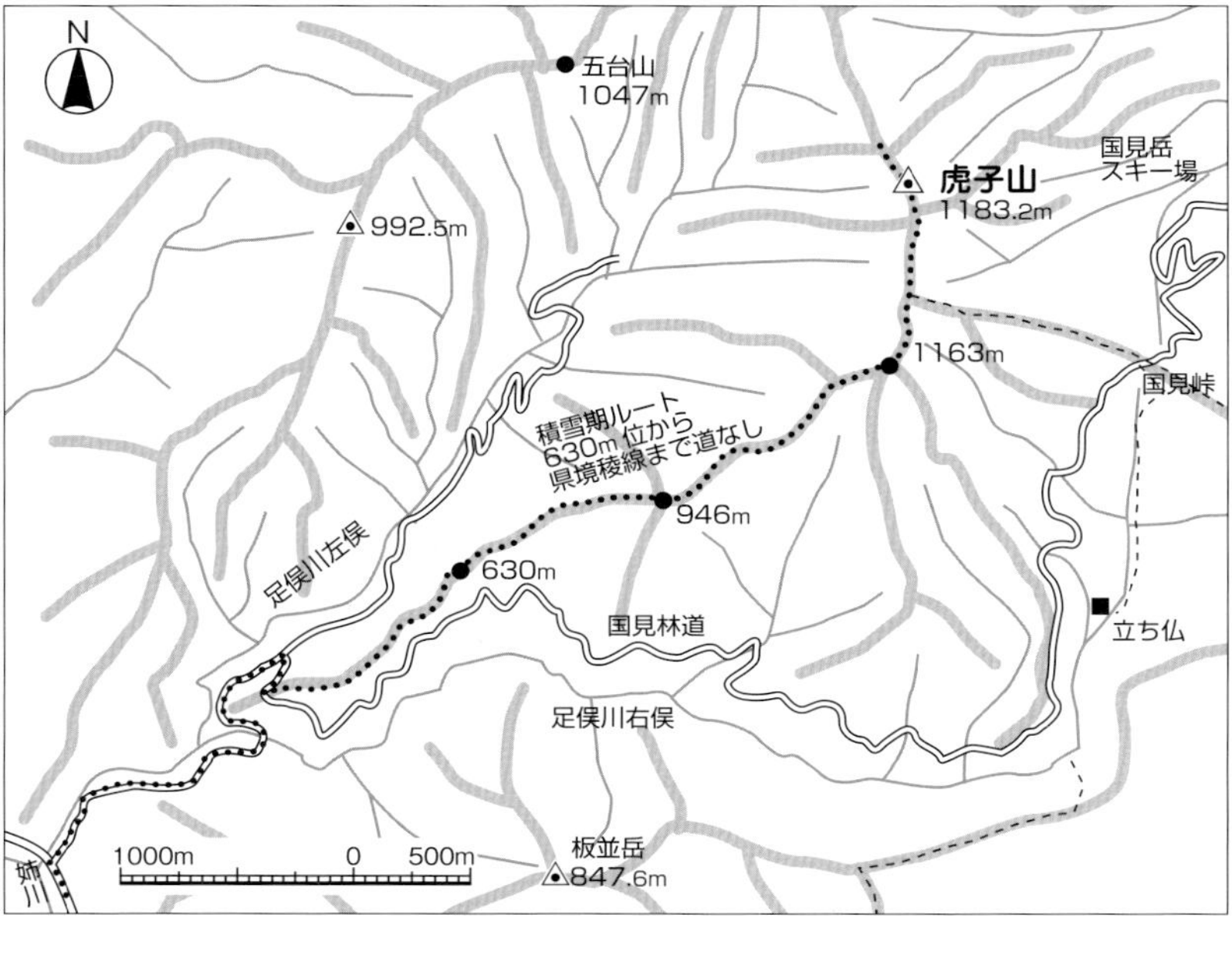

天平の時に思いを馳せる

五《ご》台《たい》山《さん》 一〇四七m

五台山から見た金糞岳と白倉の頭

右頁
上／五台山頂上から見る県境稜線
下／尾根の下部は仕事道が通じている。無雪期でも歩けそうだった

石臼《いしうす》の里として知られる曲谷《まがたに》に行基《ぎょうき》の勧請と伝えられる白山《はくさん》神社がある。その下流のカツラの巨樹がある吉槻《よしつき》では、行基が東大寺建立のための用木を伐り、七廻り峠を越えて草野川から琵琶湖を経て奈良の都へと送ったとされている。そしてその東の山に五台山寺が行基によって開かれ、その山を五台山と名付けられたという行基伝説が残されている。

天平の頃、聖武《しょうむ》天皇は夢の中で文殊《もんじゅ》菩薩《ぼさつ》の霊場として知られる唐の五台山に登り、文殊菩薩から教えを授かったという。そこで聖武天皇は行基に五台山に似た山を探し、寺院を建立するように命じた。全国にはこうした行基伝説の残る五台山がいくつかある。

中国山西省の本物の五台山がどんな山かも知らないが、五台山は文字通り五つの峰に囲まれていることからその名が付いたという。その五つの峰はいずれも平らで広く、五台と呼んだ。吉槻の五台山と名付けられたピーク周辺の地形は、数個のピークが連なる台地状の形をしており、まさに五台山である。

二・五万図の美束《みつか》を見ると、一〇四〇m台のピークが三つ連なっている。この三つのピークには三角点はなく、そのうちの一つの一番東のピークに一〇四七mの標高が入れられている。周囲の山と見比べてもそんなに目立つ山ではないので今まで登ることもなかったのだが、行基伝説のことを知ると、このピークも見過ごすことができなくなった。

吉槻集落の北はずれ、下谷《しもん》の左岸に沿う尾根から登った。杉林には石組みがされている。田んぼの跡だ。湖北の集落周辺の山にはどこもこんな棚田跡の杉林が広がっている。杉林には二日前に降った雪が地肌を覆っていた。登って行くと左側が杉林、右側が雑木林の尾根となり、その間の稜線に踏み跡がある。ところによってはかなり深く掘れ込まれたとこ

二・五万図／美束、虎御前山

・登山コース

無雪期の登山道はないが、積雪期は本文で紹介している吉槻の下谷左岸側の尾根から快適に登れる。この尾根には山仕事の道が途中まで続いているので、無雪期でも藪はあるが何とか登れそうだ。積雪期ならこの尾根の他に曲谷の起又谷側からも取り付けるだろう。

起又谷

曲谷の奥の起又谷は花崗岩の美しい滝が続く谷として知られており、中でも五色の滝は有名だ。谷には道が続いており、花も多いこともあって、渓流沿いの軽いハイキングコースとして人気がある。また曲谷は石臼の里としても知られており、この起又谷で花崗岩を切り出し石臼が造られていた。今も谷には切り出された丸い石がいくつも転がっている。ハイキングコースは

ろもあり、造林公社が管理する植林地の仕事道として使われているようだ。ずっと上まで続いているので、生え込みはあるものの無雪期でも登れそうに思えた。

傾斜の強い登りが続くが、地形図に六八四mと記入されている付近でいったん緩んだ。雪も多くなったのでスノーシューを着けた。もちろん誰の踏み跡もなく、柔らかな陽が差し込む雑木林の広がりは気持ちが良かった。杉林は避けて明るく陽が差す雑木林を選んで登って行くが、すぐに急な登りへと変わった。標高八五〇mあたりまではかなりの急登が続き、尾根にはじぐざぐの道がある。結構使える道だった。

やがて広やかな尾根となると九九二・五mの三角点ピークが見えてきた。もうゆったりとしたアップダウンが続くだけだ。雪もたっぷりとある。南側の伊吹山が何度も眺められたが、ここまで登れれば先は見えたので、ここでゆっくりと腰を下ろし伊吹山を眺めた。ドライブウェイが延びてその下に地獄谷が広がっており、見事な切れ込みを見せている。オモテの伊吹山とは違った厳しいウラの一面を垣間みることができる。

ふと雪面を見るとかなり大きな足跡が尾根を横切っていた。クマだろう。早いお目覚めだ。寝起きの悪いクマさんとは鉢合わせはしたくないなと思いながら歩いていると、すぐ前をキツネがトコトコと歩いて行った。こんな出会いなら楽しいものだ。

九九二・五mを過ぎると北側が望めた。金糞岳《かなくそ》から虎子《とらす》山までの今まであまり眺めたことのない稜線の風景が広がっていた。眼下のサナギ谷の源流となる一二〇〇m近いピークが美しく、谷を挟んで見える双子峰のようなピークが目立っている。笠岩《かさいわ》山と呼ばれているピークだろう。そして圧巻はやはり金糞岳である。図抜けて白く堂々としていた。

五色の滝で終わっているが、渓流シューズを履いてさらに遡ってみるとナメ滝が続いていた。

稜線の992.5m付近

小さく並ぶピークを踏んで行く。どこが頂上とはいえないだろうが、やはり地形図に標高が記されている一〇四七mピークまでは踏んでおきたい。この手前のピークで昼を食べてから最後の一〇四七mに登った。ここには五台山の木札が付けられていた。ここまで来たら県境稜線まで行ってみたいとも思ったが、稜線まで相変わらずの植林と自然林が半々の尾根なので、すぐ下のコルまで行って引き返した。『伊吹町史』にはサナギ越という峠が書かれている。広がるサナギ谷を見ていてもどこがルートになっていたかは分からなかったが、地形図を見て峠道の想像をめぐらしながらサナギ谷を眺めた。こんな風に山を眺めているだけで楽しいものである。

一人で登って眺める山の風景、ひとりで山を眺めていると何やかやと想像をめぐらす。そんな想像から創造が生まれてくる。想像があるからこそ新しい自分の山が生まれてくる。ひとりの山もいいものだ。

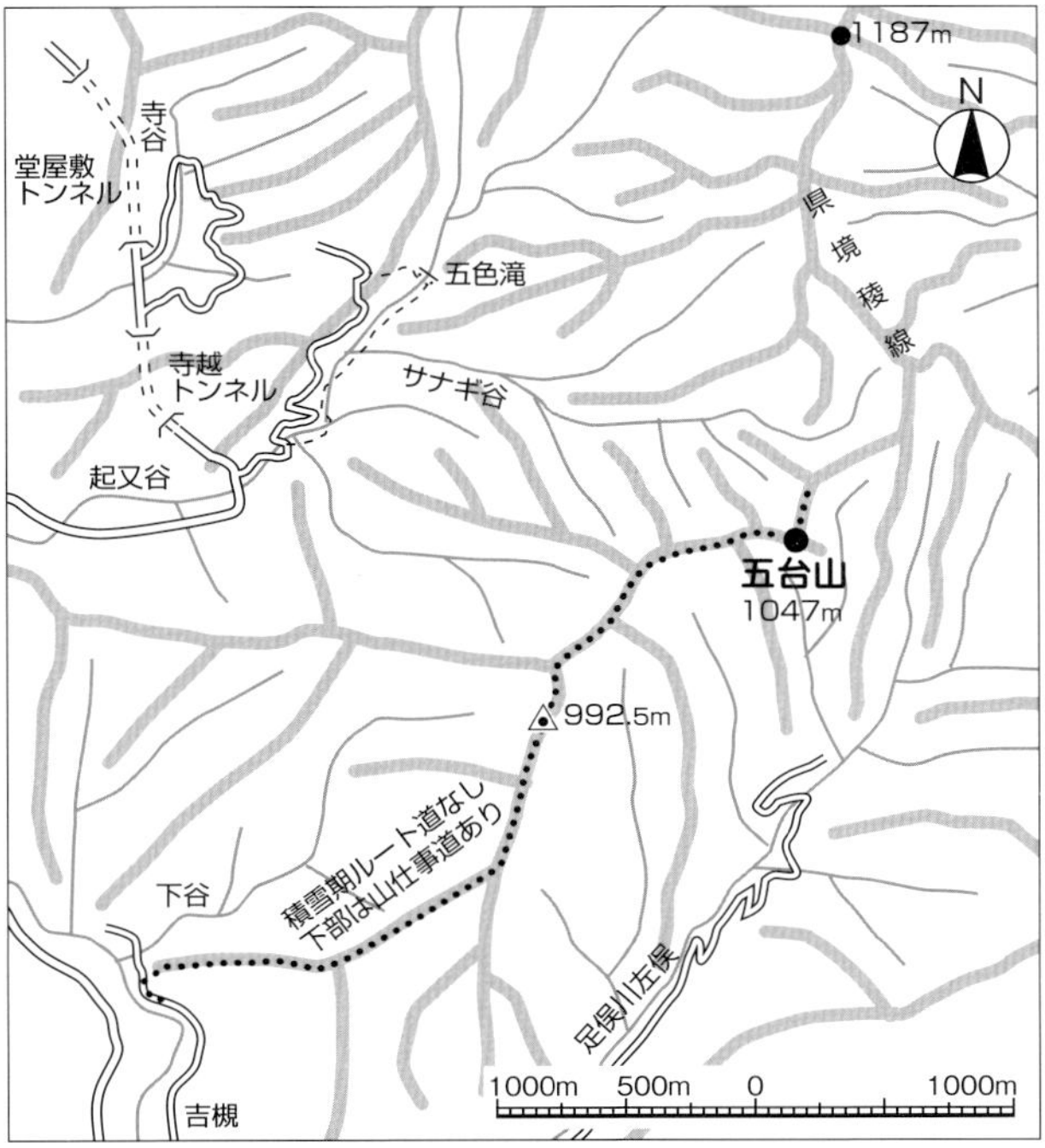

春夏秋冬、すべてよし

射《しゃ》能《のう》山《ざん》（ブンゲン）一二五九・七m

冬の射能山頂上。天気が良ければ誰でもが楽しめる山となる

右頁
上／秋の射能山山稜と貝月山
下右／大長谷の楽しい沢登り
下左／ブナが芽吹き始めた西尾根を登る

射能山とは奇妙な名前だ。『秘境・奥美濃の山旅』には大垣山岳協会の人から聞いた話として、この山の付近から放射能を有する鉱石が産出するので射能山と名付けたと書かれている。現在では「ブンゲン」という山名でも知られているが、この名もまた変わっている。一二五九・七mという標高は県内でも四番目の高さを持っている。しかし伊吹山、金糞《かなくそ》岳と比べるとスケール的にかなり見劣りがするし、これより低い横山岳や上谷山などと並べても貧弱に思える。この山から日越《ひこし》を挟んで隣には一二三四mの貝月山《かいづきやま》があるが、周辺の山から見ると標高の低い貝月山の方が堂々と見える。射能山のスケールが小さく見えるのは、標高の差のないいくつものピークが連なるうちの一峰なのと、山頂から大きく延びる支尾根がないということに影響しているのだろう。

しかし私はこの山が好きだ。緩やかに広がる稜線にいくつものピークが並んでいて、複雑に尾根と谷が食い込むこの地形、雪の時にこのゆったりとした稜線を歩くのはとても気持ちがいい。近辺ではこうした地形を持つ山はそう見られない。ただこうした稜線上にまでスキー場が伸びてしまったのは残念だが、おかげで近づきやすくなったのも事実だ。

射能山は何度も歩いた。どの季節も印象に残ったが、まず何と言っても雪の山だろう。奥山だけに積雪は多く、スキー場から気軽に雪山を楽しめる。稜線に登ると三角形にちょこっと尖るピークが見える。そんな頂上を目指して緩やかに入り組む山稜にシールを効かせながら登る気分は最高だ。奥伊吹スキー場の上の品又越《しなまたごえ》(百池峠《ひゃくいけ》)から頂上までの僅かな距離だが、手軽に山スキーが楽しめる山である。滑りを求めるのではなく、雪山をスキーで巡るスノーハイキングを楽しむ山だ。

スキーだけでなくスノーシューで歩くのもそれは楽しい。スノーシューもスキーと同じく急な狭い尾根や谷よりも、ゆったりとした雪の斜面を楽しむ道具である。滋賀県内でも緩やかに広がる山はあるが、この高度でこんな雰囲気の山はあまりないように思う。

春もいい。何よりも花が多く、中でもオオバキスミレやハルトラノオ、ピンクのミヤマカタバミなどが目についた。オオバキスミレは湖西の赤坂山周辺には多いがこの山でも見ることができる。滋賀県ではあまり見ることのない花である。そしてスキー場の上には大きなブナが並ぶ美しい林が広がっている。春の花の多く咲く頃がブナの芽生えの季節。明るい林に淡い緑が広がると、しんと静まっていた林が一斉に動き出してくるようだ。

夏には小さな滝がいくつもある大長谷《おおながだに》に遊んだ。初心者でも行ける簡単な谷だが、ブナ林が立派な落ち着きのある谷である。詰め上がると頂上に出るというのもいい。行ってはいないが、岐阜県側の粕川《かすかわ》源流の西谷、東谷はナメ滝を連ねた豪快な谷だという。しかし夏のこの山は私にとっては静寂の季節だ。冬の雪の山稜や春の鮮やかな花々とブナの新緑、そして秋の彩りと並べてみれば、夏の低山はどうしても沈潜の時期となる。

深い緑はやがて次第に色を変え、十月も中旬から下旬になると、一気に色づく。ブナ林に陽が差せば、まさに万華鏡の鏡胴の中にいるよう。こんなブナの紅葉は悦びを爆発させた束の間の季節の表現のようだ。火がついたような林もひとたび寒波が通り過ぎればあっという間に萎え、静まり返る。しかしまたこんな時のブナ林の逍遥も捨て難い。

本当にこの山は四季折々に楽しめる山だが、奥伊吹スキー場からしか登ったことがない。日帰りであってももう少しスケールの大きいルートをとってみたいのだが、アプローチの

二・五万図／横山

・登山コース

奥伊吹スキー場ゲレンデ上部から稜線を辿る道と、スキー場横の民宿若竹荘の裏庭から大長谷へと越えて頂上から延びる西尾根を登る、二つの登山道がある。この周回コースは春の花と秋のブナ林の紅葉が楽しめる。また積雪期はスキー場があって手軽に登れるので、山スキーやスノーシュー、ワカンでの登山者が多く訪れる。悪天時は要注意の地形だが、天気が良ければ初心者にも最適の雪山コースとなる。

品又越（百池峠）

甲津原から瀬戸山谷を遡って品又越から品又谷を下り、諸家あるいは日坂へと通じる山深い小さな峠道である。現在滋賀県側は奥伊吹スキー場となっており、岐阜県側も直下まで林道が迫っているので、昔の面影はまったくない。

昔の姿は森本次男の『樹林の山旅』(朋文堂)の森林彷徨という文章の中から想像するだけだが、峠道や峠はまったく消失していても、『樹林の山旅』の時代へと遡って、どんな峠だったのだろうかなどと想像するのも、また楽しいものではないだろうか。麓の現在の甲津原や諸家などの風景からも、出作りがあった昔の姿が何となく想像できるし、『樹林の山旅』の雰囲気も伝わってくるものがある。

スキー場から登るので山スキーも楽しい

簡便さからつい奥伊吹スキー場から往復するコースとなってしまう。地図を見ていると遊志を誘う尾根や谷がいくつもある。前述した粕川源流の谷などもそのひとつだが、冬なら県境稜線を北へ新穂《しんほ》峠まで、南に国見峠へと縦走などもしてみたいものだ。南へは前に伊吹山の大きな姿を眺めながらの縦走で、その伊吹の姿がぐんぐん大きくなってくるのは縦走の醍醐味だろう。山スキーもいいがスノーシューでの雪山歩きは、雪の多い低山での最も楽しい山歩きである。

スキー場最上部からの射能山山稜

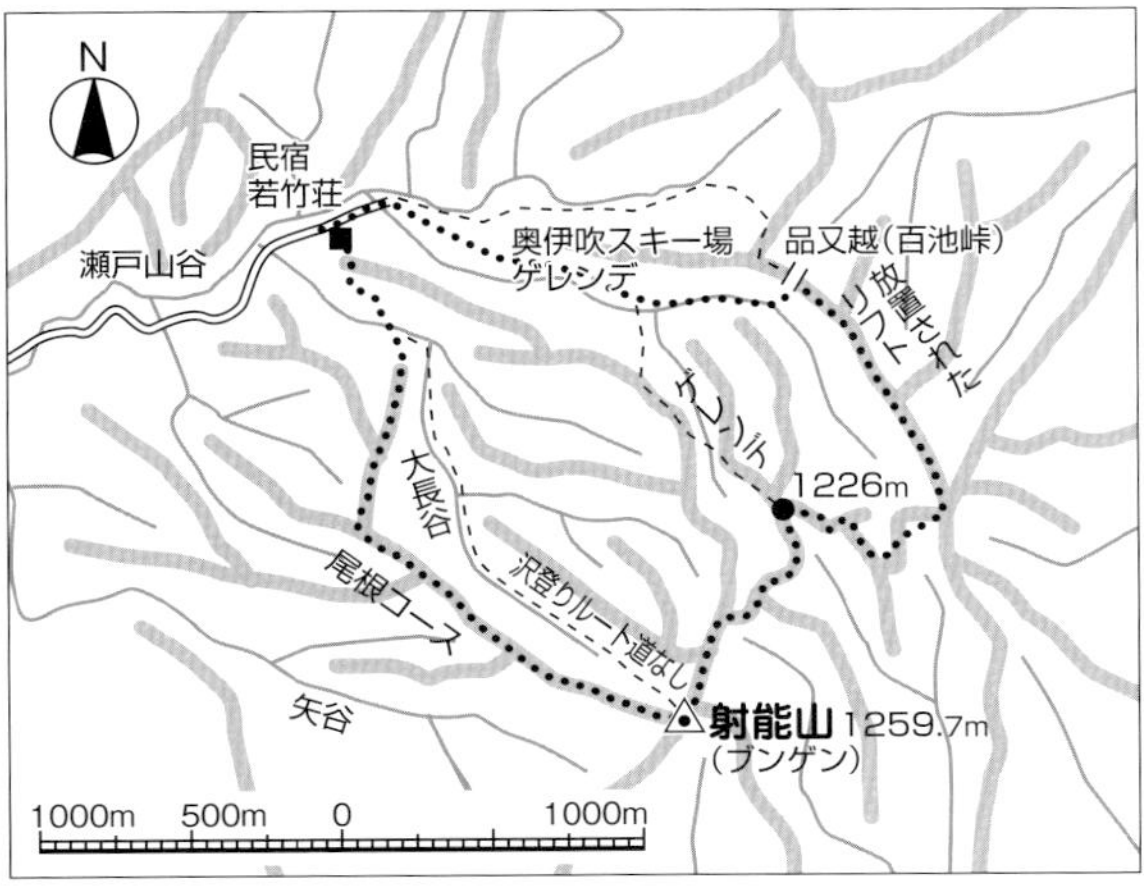

姉川源流の静かな山

アリカミノ岳《だけ》 一〇六七・〇m

向《むかい》山《やま》（栗《くり》ケ《が》谷《たに》） 一〇七四・〇m

県境稜線からの奥美濃の山々

右頁
上／向山付近からの金糞岳
下／新穂峠道にあるお地蔵様。祠は壊れていて峠道も藪がかぶっていた

姉川《あねがわ》は県内では大河の一つだが、本流だけ見れば大きな支流を持たない流域面積の狭い川である。七尾山、天吉寺山、向山、アリカミノ岳、ブンゲン、虎子山《とらす》、伊吹山などの山々に囲まれた狭い範囲から水を集め流れ下っている。そして最奥の源流部は角のように岐阜県側へと突き出し、県境稜線が大きくS字状に曲がっている。その突き出した源流部に一〇三九・九mの長尾、一〇六七mのアリカミノ岳、一〇七四mの向山といった、山名もあまり知られていない山々が囲んでいる。こんな姉川源流の山に興味を持ったのは昔から登山の対象とならなかった静けさと、角のように突き出た県境稜線のこの地形に魅かれたからだった。これらの山にはもう三十年以上も前にそれぞれの山頂に立っているのだが、突き出た県境稜線を通して歩いてみたいという思いが、ずっと胸の中にずっと燻《くすぶ》っていた。

四月初め、山の雪もすっかりと少なくなっていた。長年の燻りを燃焼させてしまおうと出かけてきたのだが、これで上に雪があるのだろうかと心配になるほどだった。長尾から歩いてみようと思っていたが、アプローチの問題もあり長尾はカットして、新穂峠《しんほ》へと上がって周回することにした。

中津又林道に少し入ったところでもう雪が塞《ふさ》いでいた。見上げる斜面に雪はあまりないのに林道はまだほとんど雪の中だ。新穂峠へと登る谷から尾根に取り付いたところで峠道が上がっていた。懐かしい道だ。ほとんど雪の消えた峠道を辿って行き、峠の地蔵さまに出会ってあっと声が出そうになった。祠《ほこら》の後ろ側が落ちて半壊している。道の状態があまり良くないなあと思いながら歩いていたのだが、峠道はもう草刈りもされなくなったのだろうか。甲津原《こうづはら》は美濃側から山越えしてきた人びとによって開かれた村であったと言われ

二・五万図／横山、近江川合

・登山コース

アリカミノ岳／新雪期でもドカ雪後でない限り、中津又谷出合から林道を歩いて新穂峠に上がってアリカミノ岳まで往復できそうだが、やはり残雪の山が最適期。稜線には植林の仕事道や伐り開けがあり、踏み跡は薄いが無雪期でも何とか歩けそうに思えた。岐阜県側の浅又林道からは植林地の仕事道を使って登ることができる。

向山／中津又谷の新穂峠登り口付近に延びる尾根を下ったが藪がきつかった。滋賀県の東俣谷と岐阜県の浅又を結ぶ鳥越林道の鳥越峠から踏み跡が続いているようだ。

新穂峠

伊吹山の麓から姉川を遡って行くと、吉槻、甲賀、曲谷と集落が続いて甲津原の集落に出合う。曲谷からは大きく

ており、そういう思いがあってこそ、車の時代となってもずっと峠道は草刈りがされてきたのであろう。壊れた祠を見ていると、しっかりと踏まれた峠道の姿が思い出されてきた。

祠を過ぎると道を見失った。左の尾根の藪を分けながら登り峠の北側の稜線に出た。稜線は思ったほど雪がなくこれで向山まで歩けるかなと心配になったが、歩くうちに踏み跡が続いていることに気づいた。道というほどのものではないが充分に歩けるものだ。

一〇一〇m付近からは右の岐阜県側が植林地となっており、山腹には林道が続いている。おかげで奥美濃の山々の素晴らしい展望が望め、青い空の広がりの奥にはまだ真っ白に雪をつけた山々の連なりも見えた。また眼下には茶褐色の山ひだの重なりが広がっているが、その間には小さな山田が開けているのが見えた。諸家《もろか》あたりだろうか。一方の滋賀県側も伐採はされているようだが植林地は少なく、背後にはまだ雪の輝きを残した金糞《かなくそ》岳の山稜が木々の間からは覗いていた。

稜線は小さなアップダウンを繰り返し、最後に二段階にぐっと登ったところがアリカミノ岳の頂上だった。頂上に出たところでがさがさとケモノが逃げて行った。カモシカだ、昼食の邪魔をしたようだ。私も昼にしよう。ここは昔夏に登っているがもう全然記憶に残っていなかった。アリカミノ岳という山名は中津又谷で山仕事をしていた人たちから聞いた名前だ。点標名は大ヶ屋となっている。

ここで稜線は九十度西に振る。植林地と自然林の境界になっており、植林の中に踏み跡が続いている。そしてこの先でまた九十度左へと首を振り南下する。この曲がり角で美濃側の植林地に出ると、金糞岳北尾根が遮るものなしに眺められた。まだかなり白く、つい

離れて谷の最奥に位置する甲津原の起源は、山越えしてきた美濃の人たちが開いた村だと言われている。その道となったのが瀬戸山谷の品又越や中津又谷の新穂峠である。村の起源は中世にまで遡るのだろうか。揖斐川上流の小津の白山神社には近江の面造り師の手による能面が残されている。この甲津原の春日神社にも古い能面が残されているといい、人びとの交流があったことを物語っている。深く踏み込まれてきた新穂峠道。それは山深い地に刻まれた人びとの生活の証であり、故郷への絆のひとつである。

向山付近の県境稜線

二か月ほど前に山スキーで登って滑った浅又《あさまた》への尾根もよく見えた。稜線は一〇〇〇mほど下って窓のように切れ込んだコルから、また徐々に高度を上げてゆく。歩いているうちにいつの間にやら植林地はなくなり、ブナ林の中となった。そして前には向山が大きく見えてきた。思ったより立派な山容である。アリカミノ岳よりもボリュームがあり雪も多い。

山頂に近づくにつれてずっと雪の中を登るようになった。ブナ林が美しく何度もカメラを構えた。浅又川を挟んだ中津尾を眺めながら登って行くと頂上に着いた。ここには鳥越山(?)という木札と透明なプラスチックの点標名の栗ヶ谷の札が付けられていた。念願の尾根を歩いて山頂でのひと時、こういう時間を至福の時と言うのだろう。やっとゆっくりと腰を下ろした。

下りは中津又の新穂峠登り口へと下る尾根をとった。地図を片手にGPSで確認しながらの下りは藪に悩まされたが、思った通りに尾根を歩けて気分がよく、ひっかかる藪を引き連れてバリバリという音をたてながら強引に下って行った。

白銀の尾根を滑る

金《かな》糞《くそ》岳《だけ》　一三一七m

八草峠からの登山道のブナ林

サンカヨウ

ツクバネソウ

右頁
上／北尾根から見る琵琶湖と竹生島
中／北尾根を滑る
下／浅又から北尾根へと登る。急だが快適なルート

積雪期に湖北の山に登ると、長く尾根を引いた一際白く輝く山が目に入る。滋賀県第二の高峰金糞岳である。山頂を中心に長い尾根を四方に複雑に延ばす大きな山だ。

山頂から南は真っ直ぐに中津尾《なかつお》が延びている。金糞岳へのメインとなる登山道があり、最も多くの人に親しまれている尾根である。しかし湖北の盟主にふさわしいコースであった中津尾も、鳥越林道がこの尾根を切り裂くように横断して、小朝《こあさ》の頭《かしら》のすぐ下から登れるようになってからは、つまらないコースとなってしまった。その小朝の頭からは県境尾根が曲折しながら、一〇〇〇メートル以上のピークを連ねて延々伊吹山まで続いている。また小朝の頭の東、鳥越峠を挟んだ小ピークから南へ、七尾山まで県境尾根と並行するように姉川水源の山々が並んでいる。山頂から西は白倉の頭を越えた一一六一mピークで、北へと延びる両白《りょうはく》山地の西端を形成する県境尾根と、さらに西の五郎の頭からは花房尾《はなぶさお》と己高山《こだかみ》、小谷山《おだに》へと至る尾根を分けている。そして山頂から北へは岐阜県の旧坂内村川上まで、揖斐川《いび》源流のひとつの浅又川と八草川《はっそう》を分ける大きな尾根を延ばしている。

金糞岳がこうした大きさを持つのは、主稜線を形成している県境稜線がこの金糞岳付近でクランク状に曲がり、さらに山頂を中心として、この県境稜線に加えて中津尾、花房尾、北尾根といった長大な尾根を延ばしているからである。伊吹山の垂直の高さとは対照的な、水平の長さと大きな容量を持つ山として見ると、この山の魅力が見えてくる。

金糞岳は古くから知られた山で、近江側では「ミタニ」とか「ノタ」とか呼ばれていたという。また江戸期の地図には「カナスソガ嶽」「金居嶽」とされていると、『秘境・奥美濃の山旅』に書かれている。金居嶽という山名には八草峠の東の金居原とのつながりが考

二・五万図／近江川合、虎御前山、美濃川上

・登山コース

一般コースとして中津尾が登られているが、林道駐車地からは一時間程度で登れてしまう。他には東俣谷出合から登る花房尾からと旧八草林道の峠から県境通しに登山道がある。花房尾は浅井山の会によって定期的に整備されているが、中津尾から周回すると東俣谷出合まで戻らなければならないので、無雪期でもハードなコースとなる。八草峠からの県境尾根道は林道と並行して続いているが、あまり歩かれている道ではない。積雪期もやはり中津尾から登る人が多いが、林道が長くなり面白味がない。岐阜県側の浅又から登る北尾根が素晴らしい。浅又川を渡るのがネックになるが、雪がたっぷりと積もれば最高の山スキーコースとなるだろう。

えられる。炭焼きなどでこの山の周辺にも入っていたのだろう。杉野川の奥は彦根藩領であったので、徳川家に近い雄藩の彦根藩の影響が、地図に反映されているのかも知れない。

登山ルートとしてしっかりとした道があったのは東俣谷の中津尾からだけで、このコースは今日に至るまでメインコースとして多くの登山者に使われている。しかし現在では花房尾からも道が拓かれているし、国道三〇三号の旧八草峠からの県境稜線にも道がある。そして鳥越林道の岐阜県側からも簡単に登ることができる。メインコースの中津尾があまりに簡単に登れるようになってしまった現在、花房尾から中津尾を巡るコースが金糞岳を最も楽しめるコースだと思うのだが、長すぎて敬遠されているようだ。以前に深谷《みたに》を詰めて登ったことがあるが、この深谷に登山道が整備できればいいルートになると思う。

積雪期となると中津尾も昔通りの奥深い山となる。数年前に中津尾を山スキーで登っているが、行き帰りの鳥越林道が長くて辛かった。花房尾も雪の条件が良ければスノーシューなどではいいルートとなるが、山スキーで素晴らしいルートだったのが北尾根だった。

坂内の広瀬から浅又林道を広瀬浅又付近まで入ってから尾根に取り付いて登るコースである。林道歩きが一時間以上あるが帰りはこの林道もスキーがよく滑ってくれて、快適な下りとなった。山スキー向きのコースである。

取り付きは広瀬浅又集落跡から少し先、浅又川がU字に大きくカーブ描いているところで川を徒渉する。取り付いてから標高一一三〇m付近で北尾根の主稜線に合流するまで、急登が連続する。稜線に出てから頂上までは傾斜も緩くなって快適なのだが、ここまでの登りがきつくて頂上までは長く感じた。しかしこの稜線からの眺望は最高だった。湖北、

鳥越峠

金糞岳の東側の稜線を越えており、美濃の山村と長浜とを結ぶ峠道として使われていた。長浜には紡績工場があって美濃の山村から娘さんが峠を越えて長浜へと出たといい、関西版の野麦峠ともいえるエピソードを残している。鳥越峠には現在は滋賀県側の草野川東俣谷から岐阜県側の浅又川へと越える林道が通じていて、旧鳥越峠道はかなり以前から峠道としての機能は消滅している。鳥越の名称はその名が示す通り渡り鳥の通り道で、横山岳の三高尾根にも同名の峠がある。

冬の中津尾。快適なスキーコースだ

奥美濃の広がりの奥に白山、御嶽、乗鞍から北アルプス、中央アルプスが眺められ、最後の登りにかかると白倉の頭と頂上との鞍部に、竹生島《ちくぶ》が浮かぶ琵琶湖が開けた。そして頂上に着くと湖北の平野から広がる琵琶湖の眺めが圧巻だった。何度も登っているが、北尾根から登ってみて改めてこの山の素晴らしさを実感させられた。

続く仲間が登り着くまでゆっくりと雄大な展望を楽しんだ。スキーでの下りを思うと、期待にはやる心ときつかった斜面への不安が交錯するが、スキーを着けて飛び出すともう無我夢中。O氏の見事なスキー術とかっ飛ばすスピードに圧倒されるが、下手なこちらはのろのろと安全運転だ。それでもスキーという道具の素晴らしさと楽しさに魅了させられた尾根だった。不安だった急斜面も楽しく下り、あっという間に浅又川の徒渉点まで下りた。長い登りだった林道も快適な滑走。豊富な雪の量だからこその満点コースだった。

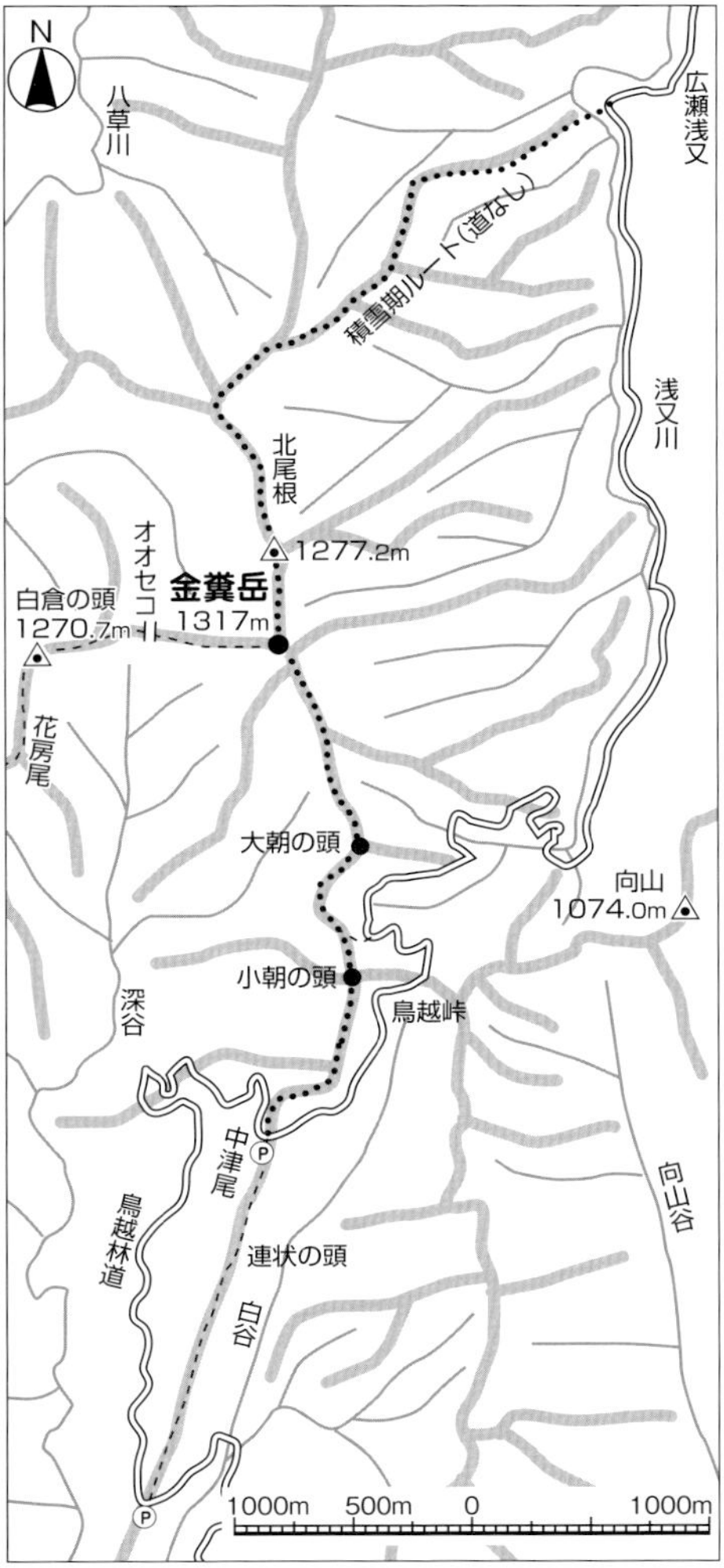

スケールの大きな山歩きを楽しむ

奥《おく》山《やま》 一〇五七・二m 白《しら》倉《くら》の頭《かしら》 一二七〇・七m

シロモジの黄葉が美しい花房尾の下部

しっかりとした道がある花房尾

右頁
上／花房尾下部。炭焼きなどに使われていたのだろう。深く掘り込まれた道が続いていた
下／奥山頂上から深谷を挟んで見た金糞岳と白倉の頭

一三一七mの金糞岳《かなくそ》は滋賀県内では第二の高峰、大きな山である。その東、オオセコを挟んで白倉の頭一二七〇・七mの三角点ピークがある。金糞岳のすぐ目の前にあり、稜線に白い露岩を点在させたかっこいいピークである。この露岩が白倉の名称のいわれとなっているのだろう。滋賀県では貴重な高さを持つ山なのだが、金糞岳に近すぎて金糞岳の衛星峰のひとつとして言えなくもなく、存在感に欠けるのが残念だ。

金糞岳の一般的な登路となっている尾根が中津尾と呼ばれている尾根で、金糞岳へと突き上げる深谷《みたに》を挟んで並行するように延びている尾根を花房尾《はなぶさお》と呼んでいる。花房尾は草野川源流の東俣《ひがしまた》、西俣を分ける尾根で、中津尾よりスケールが大きい。現在ではこの尾根にも登山道が拓かれており、浅井山の会の方々の整備によって快適に登れるようになった。

奥山、白倉の頭、金糞岳へと、花房尾から中津尾を巡る金糞岳を周回するコースを歩いてみると、スケールの大きな金糞岳にふさわしい素晴らしいコースだと実感する。だのに人気がなく登る人はあまりいない。コースが長いという理由からだ。一方の中津尾は現在では鳥越林道が小朝の頭付近まで上がっており、金糞岳山頂まで一時間ほどで登れるコースとなっている。ほとんどの人がこの中津尾の林道から往復しているが、頂上に登ったというだけのつまらないルートとなってしまっている。

ここでは花房尾から登る山として、白倉の頭を取り上げてみようと思う。白倉の頭へは南西にある一一六一mピークから北へと続く県境稜線の八草《はっそう》峠からも道が拓かれており、白倉の頭を中心として南北に長大な登山コースが延びている。また金糞岳も南北にこの尾根と並行するように、中津尾、金糞岳、金糞岳北尾根が長い尾根を形成しているので、積

二・五万図／近江川合、虎御前山

・登山コース

東俣、西俣出合の高山キャンプ場から花房尾に登山道が登っている。長い尾根だがよく整備された素晴らしいコースだ。白倉の頭へは花房尾を往復するか金糞岳に登って中津尾を下るコースがとれるが、中津尾へと下ると鳥越林道を歩かなければならない。他には現在道はないが、東俣谷の深谷を詰めるのも面白い。

雪期を含めれば金糞岳、白倉の頭は本当にスケールの大きな山歩きが楽しめる山である。

花房尾は東俣、西俣を分ける末端のキャンプ場から登って行く。以前に一度金糞岳からこの花房尾を下っている。最後はかなり急な下りだという記憶があったのだが、今歩いてみると実にうまく造られた道で歩きやすかった。炭焼きの人たちの道なのだろう。昔よく使われていた道だというのが分かる。雑木林の美しい道でこの取り付きあたりでは紅葉も今が盛り。山腹は赤、黄の多彩な彩りが華やかで、歩いているだけで楽しくなる道だった。特に道沿いに並ぶシロモジの黄色が目をひいた。歩く人も少なくふんわりとつもる落ち葉を踏む音が心地よい響きを奏でてくれる。晩秋の自然林の山ならではの道だった。

掘れ込んだ急な登りも滝谷の頭まで登ると緩やかになった。ここまで登ると葉もほとんど落ち晩秋の風景が広がっていた。このあたりからはブナも出てきて、深い山の雰囲気も感じられる。道があまり踏まれすぎていないのもいい感じで、奥山までこんな道が続いた。

奥山の頂上は深谷側が伐り開かれ、ここから見る白倉の頭はかっこよく、深谷の源流の広がりが一目で見渡せる眺望は素晴らしいものだった。そしてこの山塊の背後にはブンゲンから伊吹山へと続く県境稜線が長く延びていた。眼前の白倉の頭や金糞岳に上がっているいくつもの尾根を見ていると、深谷を遡ってそんな尾根のひとつに取り付いて登ってみたくなった。深谷も古くから金糞岳への登山ルートとされていてずっと昔に登ったことがあるが、こうして見ている茶褐色の斜面は、藪山心をくすぐられる魅惑的な広がりだった。

奥山からはゆっくりと高度を上げながら小さなアップダウンを繰り返していく。道の両側はブナもあるが小灌木が茂っている。雪の頃ならこんな灌木はすべて埋まってしまうの

金糞岳付近からの奥山とかすむ琵琶湖

金糞岳手前からの白倉の頭

だろう。雪稜を想像しながら登って行くと雪の花房尾を歩いてみたくなった。

登って行くと約一一三〇mの目立たないピークの五郎の頭に出る。ここは左へと古橋や己高山《こだかみ》へと延びる長い尾根を分けるジャンクションピークであり、以前に来たときは左へと踏み跡を分けていたが、今は見当たらなかった。そして美しいブナ林を抜けると一一六一mピークで県境尾根へと出る。県境はここからは北へと進み、県境に沿った林道と並行して登山道が八草峠まで続いている。白倉の頭は右へと登って行く。次第に大きな木はなくなって笹と灌木となり、高度が上がってきたことを実感すると白倉の頭に着く。やはり花房尾は長い。四時間三〇分の登りだった。南側の眺望が開け琵琶湖が光っていた。

下山は金糞岳から中津尾を下った。林道まで下り歩いている途中で、夜叉《やしゃ》が妹池へと登った人の車に拾われて二俣に戻った。長いが充実した山登りの一日だった。

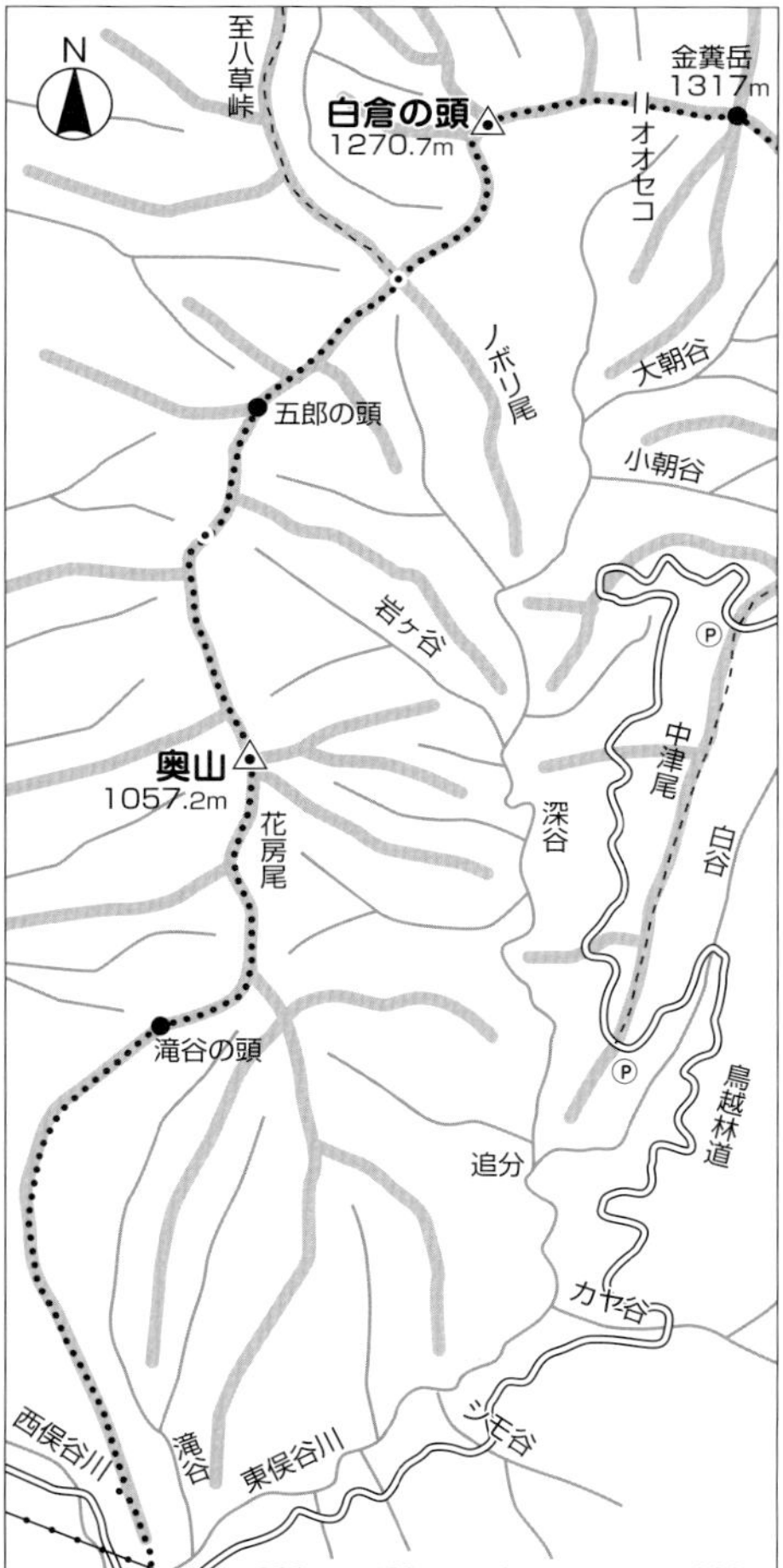

湖の辺の道、ミニ縦走路の魅力

山《やま》本《もと》山《やま》 三二四・四m

賤ヶ岳から見た山本山への稜線

右頁
上／有漏神社湖畔からの美しい琵琶湖と大浦の半島
中／賤ヶ岳に近づくと公園のように整備された道が続く
下／有漏神社への峠道から見下ろす琵琶湖

麓から見る山本山は富士山型の秀麗な形が目を引く山である。琵琶湖岸に近い山頂からは、琵琶湖の最も美しい姿が見られる。竹生《ちくぶ》島が浮かび、野鳥の楽園があるヨシ原が広がっていて、夕陽が美しいところだ。この山本山から賤《しず》ヶ岳までは低く長い山稜が続いていて、賤ヶ岳まで歩くミニ縦走は琵琶湖の眺めと湖北の山々の展望が素晴らしい。小さな山の連なりであっても、山好きにとっては魅力にあふれた山である。いやどちらかといえば、この可愛らしい連なりにこそかえって魅かれるものがあるのではないだろうか。

山本山に登るとなればもちろんこの小さな山だけでは収まらない。やはり北へと賤ヶ岳まで続く山稜を歩かなければ面白くない。賤ヶ岳まで何度か歩いているが、雪のある時が素晴らしかった。また春早い頃に山麓を歩いていると、ニリンソウ、イチリンソウ、ヤマエンゴサクなどの花々が、車道に沿った道に咲いていて、車道歩きの退屈さをまぎらわしてくれたこともあった。秋は湖岸の木戸港跡に下りてランチにした。山の高みからわずか数分歩けば静かに波が打ち返す浜まで下りられるのである。砂利の浜に足を投げ出してのランチは、いつもの山とはまったく気分を変えてくれた。食事をしていると渚を歩いてきた一人の釣り人と出会いお互いに驚いた。外界から隔離されたようなこんなところで人と出会うとは思わなかった。この山が持つ歴史、風景などこの山全体の雰囲気がいつも楽しい山歩きにしてくれるのである。

山本山は山本の朝日山神社からと津里《つざと》の宇賀《うが》神社からの道がある。朝日山神社の朝日小学校からの道を登った。十二月に入っても山腹は紅葉が美しかった。麓の阿閉《あつじ》あたりからの山の眺めも植林の杉、檜と広葉樹の鮮やかさがまだらに入り組んで見えた。

低い山だけに山頂まで登るのは早い。山上は公園のように整地され城跡の遺構がある。山頂からは尾上《おのえ》の集落と大浦から延びる半島が突き出す琵琶湖が眺められた。土塁のように高くなったところに三角点があり、本丸跡が広がっている。北へ歩き始めると右に湖北の平野と背後に連なる山々。どちらを向いても素晴らしい眺めだ。山稜は植林地と雑木林が混じり、ピークと峠をいくつも繰り返して行く。しっかりとした道が続いて快適だが、あまり整備がされておらず倒木などが転がって少々荒れ気味だった。最初に左の湖岸の片山集落から越える峠道と出合う。この峠道は明治二十七年頃から昭和三十七年まで片山の児童が、小学校へと通学した道だという。この付近からしばらくは山稜の幅がぐんと狭くなる。二・五万図で定規を当ててみると一番狭いところで一・二cmほどなので、三〇〇mほどしかない。この間には江戸期に氾濫に悩まされた余呉《よご》川の排水路として、村人によって掘削された西野水道や、木戸港跡へと越える峠道がある。峠の標高は約一五〇m、琵琶湖は標高八〇mであり、峠から僅かに下るだけで波打ち際へと着いてしまうので、ぜひ下ってみてほしい。琵琶湖が広がるこの眺めは、昼食を楽しむのには最高の場所だ。

狭い山稜はやがて高度を上げ、幅もぐんと広くなる。磯野集落から延びる尾根と合流するピークを過ぎると、東の赤尾へと下る峠道があり、湖岸の有漏《うろ》神社へと下る道が分かれる。有漏神社へと寄ってみるのもいいが、ここは少し長い下りとなる。賤ヶ岳へ近づくにつれて樹林が整然とし、紅葉の彩りがその美しさにさらに輪をかけていた。左に見下ろす琵琶湖の眺めが素敵で、歩いているだけで楽しくなるような道だ。

右近《うこん》山を過ぎると上に賤ヶ岳が見える。いよいよ長い山稜もフィナーレを迎え、国道八

二・五万図／竹生島、木之本

・登山コース

山本山へは山本と津里から登山道がある。そして山本山から北に賤ヶ岳まで続く稜線は湖の辺の道として整備されている。琵琶湖を眺めながらの素晴らしいコースで、距離はあるが小さな山々の連なりなので一日で充分に歩ける距離である。積雪期のスノーハイキングとしても楽しいコースとなる。

山本山城

山本山は戦国期に浅井長政配下の阿閉氏の城があった。元亀元年の姉川の合戦で、阿閉氏の守る山本山城は織田勢の攻撃を受けて降り、小谷城落城へとつながった。阿閉氏は後に秀吉に属したが、本能寺の変後に明智光秀方についたため、阿閉氏とともに山本山城も滅亡したという。

号線のトンネル上のコルからの最後の登りが続く。振り返ると平野が大きく広がり、伊吹山まで続く湖北の山並みも見渡せた。リフトの終点まで登るともう山頂は目の前。左に午後の陽が煌《きら》めく琵琶湖が開けている。今日は少しずつ角度を変えながら何度この琵琶湖を眺めただろうか。さらに最後の登りで今日歩いてきた山本山からの尾根が開けてきた。夕照を浴びた山稜の重なりの先に山本山のピークが覗いており、あそこから歩いてきたのだと思うと少しジーンとしてきた。これが縦走の悦びなのだろう。まさにこの眺望は一日よく歩いたねという山からのご褒美。粋な配慮だ。

賤ヶ岳山頂に立つと余呉《よご》湖が広がった。さらに岐阜、福井の県境の山々までの大きな展望。ここに見えている山をもっと登りたいという気持ちが湧きだしてくる。やっぱりこの山は小さいけれど素晴らしい山である。もう少し陽が傾くまでここにいたいがそうはいかない。リフト終点まで戻り大音《おおと》への道を下った。

峠道の通学路

片山と石川の間に湖北町と高月町の町境が通っており、隣接しているのに片山の児童は山越えの道を高月町の小学校へと通わなければならなかった。小さな子供はさぞ心細い山道だったことだろう。

尾上温泉「紅鮎」

水鳥が集い竹生島を望む夕陽が美しい、琵琶湖最高のビューポイントにある一軒宿の温泉。入浴だけでは不可だが、昼食や夕食とのセットの日帰りプランがある。

阿閉からの山本山

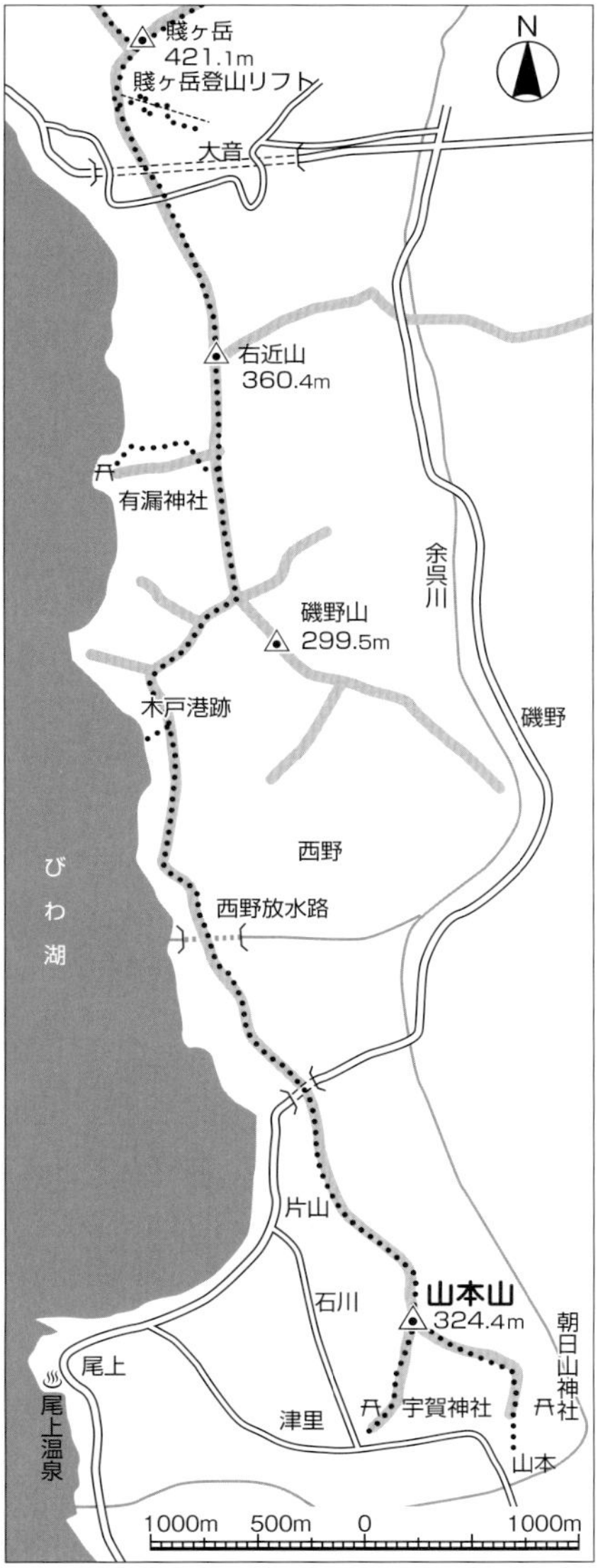

賤ヶ岳の大観

賤《しず》ヶ《が》岳《だけ》　四二一・一m

賤ヶ岳頂上からの余呉湖と湖北の山々

右頁
賤ヶ岳の大観の名にふさわしい
頂上からの美しい琵琶湖の夕景

賤ヶ岳山頂からの眺めは「新雪・賤ヶ岳の大観」として琵琶湖の名景のひとつに数えられている。何度も登っているが、いつ登ってもこの山上からの眺めには魅了される。山頂は公園のように広く整地されてどこからも素晴らしい眺望が得られる。四二一・一mという小さな山だが、大観の言葉通りの迫力で迫ってくるこの眺めからは、標高という数字以上のスケールが感じられるのである。私がこの山頂に立つ時は不思議と快晴に恵まれているが、琵琶湖八景が示す通り新雪の時の眺めが最高だった。展望にはやはり空気が澄んだ秋から冬が最も向いているし、山や里に雪が被るとさらに美しくなる。

琵琶湖へ目を向けるのなら、西端にある展望台からがいい。光る琵琶湖に藤ヶ崎から大浦半島、竹生島の形が切り込まれ、遠くに湖西や比良の山々が小さく陰をつける。少し右に目を転じると大浦川を囲む山々の奥に、敦賀の野坂岳から連なる山がスカイラインを描いている。琵琶湖八景の賤ヶ岳の大観の意味は琵琶湖と同時に余呉湖《よご》も眼下に置いていることがあるが、この両湖だけでなくその四囲の山々の広がりこそが、風景に陰影を与えて強弱と遠近感を増幅させ、スケールを大きくしているのであろう。

南から東を見るには南から山頂へと登りきった付近、三六〇度のポイントを刻んだ方向盤付近からだろう。南に山本山への山稜が延びてその右から奥に大きく琵琶湖が広がっている。そして山稜の左に涌出山《ゆるぎ》と虎御前山《とらごぜ》が島のように浮かぶ湖北の平野が見渡せる。平野を囲む山々の前景に美しい三角形の小谷山から徐々に高度を上げて奥山へと連なる山並みがあり、その背後に伊吹山から始まる岐阜県境の山稜が連なっている。そして伊吹山の右奥には鈴鹿北部の山並みも見える。

二・五万図／木之本、竹生島

・登山コース

登山道はいくつもある。メインコースとなるのは江土から余呉湖東側の稜線を辿る道で、その道へと坂口、大沢、黒田の各集落から道が合流して頂上へと至っている。それから大音からのリフト沿いの道、余呉湖南端と琵琶湖畔の飯ノ浦を結ぶ切り通しからの道、そして山本山へと至る湖の辺の道など、よく踏まれたいくつもの道が賤ヶ岳頂上へと集まっている。いくつもの登山道を組み合わせて何度もこの山を歩いてみたいものである。

飯ノ浦越

余呉の村々と琵琶湖の港であった飯ノ浦とを結ぶ道。米などが運ばれたといい、しっかりとした広い道が続いていて、峠は深く切り通しとなって越えている。

一方、東北から北の展望は眼下に余呉湖を見る山頂北側が切れ落ちており、素晴らしい展望が開けている。まず東から見ると、岐阜県境の山々の連なりに小さく尖ったピークが突き出している。蕎麦粒《そむぎ》山であろう。その左に県境の金糞《かなくそ》岳があり、さらに左に目を移すと横山岳が一際大きい。そしてその左に七々頭《ななず》ヶ岳、妙理《みょうり》山、大黒山と続いており、七々頭ヶ岳の奥に頭を出しているのが福井県境の上谷《かみたに》山であろう。この山々ははっきりと余呉川で区切られ、余呉湖の左半分を大平良《おおひら》山から神明《しんめい》山、堂木《どうき》山の低い連なりが囲み、その後ろに文室《ふむろ》山、行市《ぎょういち》山が重なっている。美しい三角錐の行市山の背後に見えているのは余呉川、高時川の源流をなす北国街道沿いの山々である。

これでぐるりと一周巡ったが、この素晴らしい展望には誰もが魅了されることだろう。山頂直下まではリフトがあるので、誰でも簡単に山頂まで登れるようになっているが、やはり麓から汗して歩いて登れば、眺める気分は大いに違うものとなるはず、各所に合戦の遺構もあるので、ぜひ歩いて登りたいものだ。

山頂への一般的な登山道といえば、余呉湖北端の江土《えど》から岩崎山、大岩山を経て山頂に至る余呉湖東側を区切る尾根だろう。賤ヶ岳合戦での本格的な戦端を開いた大岩山の戦いとして有名な山である。コースにはこの戦闘に敗れた中川清秀の墓や各砦跡、首洗いの池、猿が馬場などの合戦にまつわる遺構が残されている。冬には登る人も少ないが、雪が降れば山頂の展望も一段と素晴らしいので、スノーシューやワカンでラッセルを楽しむ雪山ハイキングが最もおすすめだ。この尾根には坂口、黒田、大音の東からと、各所に登り口があるので、さまざまなところから登ってみるのも面白い。

賤ヶ岳から見る大平良山、行市山

雪の飯ノ浦越の石仏

また、北端の堂木山から権現坂、飯《はん》ノ浦《うら》の切り通し、賤ヶ岳、大岩山、岩崎山と、余呉湖の周囲の山稜を一日で巡るハードなコースはどうだろうか。無雪期なら一日で可能なコースである。他には山本山の項で紹介した山本山からの縦走も素晴らしいコースだ。こうして上げてみるとバリエーションが豊富で、とても標高が四〇〇mあまりの山とは思えない。直接賤ヶ岳へと登るには余呉湖南端と琵琶湖の飯ノ浦を結ぶ飯ノ浦の切り通しからや、大音《おおと》のリフトに沿った最短のコースもある。

縦横に余呉湖、琵琶湖から各コースを歩いてみれば山の見方にも厚みが増し、いろいろなことが見えてくるのではないだろうか。私はこの山を湖北の山の扉を開く山として位置づけている。まずこの山に登って見晴るかす湖北の山々を眺めてみたい。余呉湖から何層にも囲む湖北の山々がある。その層が遠くなるほど山の深さが増し、高度は高く、難易度も上がっていく。そうした意味でも、まず賤ヶ岳を知るということが湖北の山への第一歩となるのだと思う。

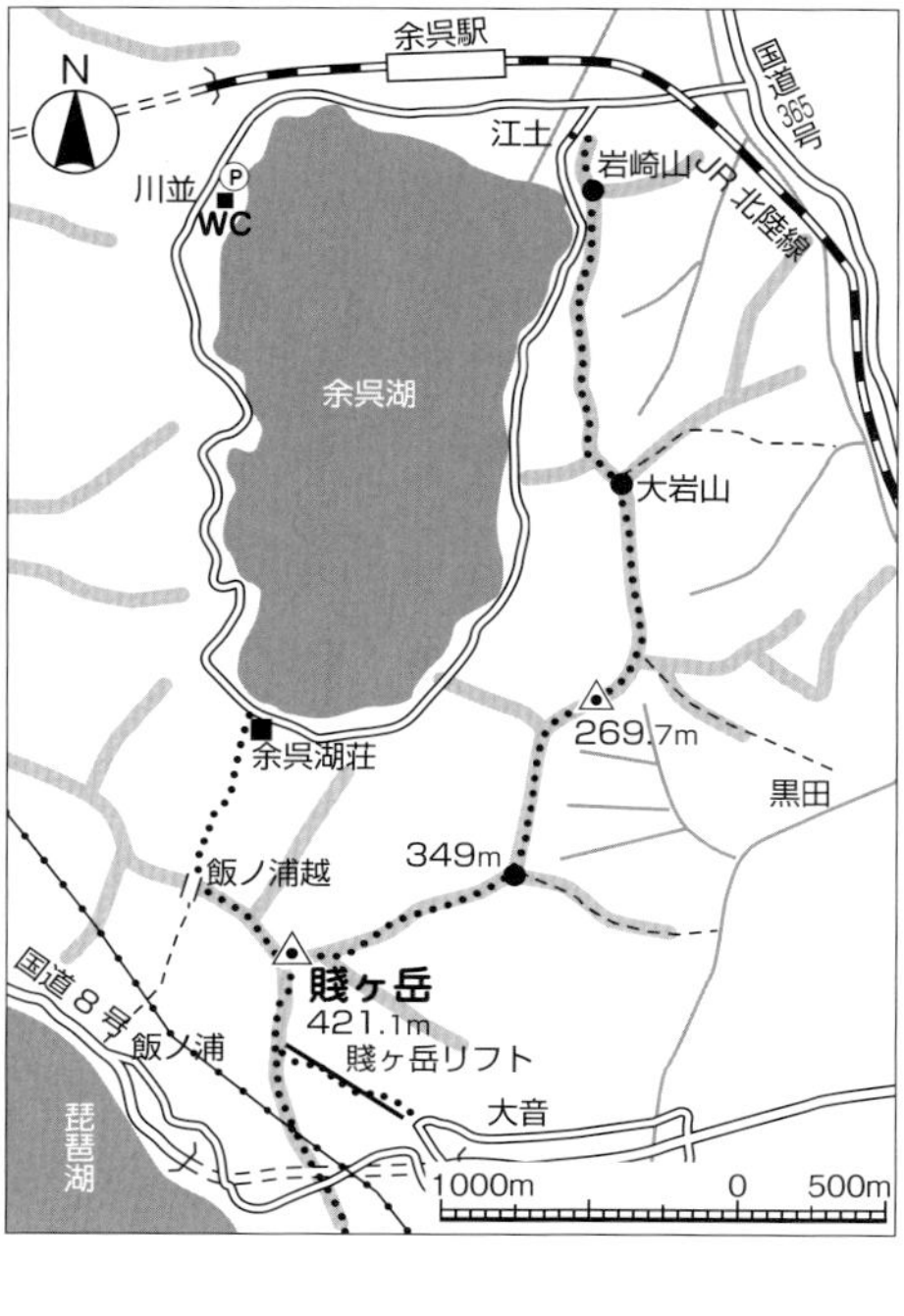

賤ケ岳の合戦を巡る

大平良山《おおひらやま》 四五八・一m

神明山《しんめいやま》 二九四・五m

冬の余呉湖畔から眺める賤ヶ岳

右頁
上／大平良山からの余呉湖と横山岳。横山岳の最高の展望台だ
下／すっぽりと雪に埋まり朝の光を浴びた権現坂

天正十一年（一五八三）四月二十日午前二時、柳ヶ瀬山に陣を構えていた柴田勝家が動き、北国街道の狐塚に兵を進めた。そして行市山に陣を敷いた勝家の甥、佐久間盛政は尾根伝いに南下した。盛政の主力は権現坂で余呉湖岸へ下り、岩崎山、大岩山へと向かった。またその一部は尾根の集福寺《しゅうふくじ》坂を琵琶湖側へと下り、塩津から権現坂を越えて余呉湖畔へと出たのと、盛政の弟の柴田勝政は尾根をそのまま飯ノ浦の切り通しまで進んで、賤ヶ岳の桑山重晴に備えたという。このきっかけは秀吉が美濃の岐阜城攻撃へと赴いた隙に、かねてより内応していた堂木《どうき》山に陣を置いた山路将監が行市山へと逃げた。そこで賤ヶ岳、大岩山の防御が十分でないとの報告をし、それを受けた盛政が攻撃を決意したことに始まる。羽柴秀吉と柴田勝家による、本格的な賤ヶ岳の戦いの始まりであった。

二〇〇〜四〇〇メートル程の山に囲まれた冬の余呉湖。何もかもがしんと静まり返えっていた。この山々の西半分、賤ヶ岳合戦の激闘の地となった尾根を歩いてみようと、川並から湖畔の道を歩いて飯ノ浦の切り通しの峠道を登った。

登り着いた切り通しの峠は雪に埋まり、深く切れ込んだ斜面には石仏が祀られている。石仏に手を合わせてから尾根を歩き始めた。佐久間盛政の進軍路となったこの尾根はまた、盛政軍の敗退路ともなったのである。狭い尾根で両軍兵士が入り乱れて激烈な戦闘が行われ、戦いは秀吉の勝利に終わった。約四百年前の話である。

たっぷりの雪の中だが、樹林が開かれているので道はある。たしか一度権現坂付近を歩いていたはずなのだが、ほとんど記憶に残っていない。この西から北へと余呉湖を囲む尾根には大平良山という四五八・一mの三角点があるが、この山に登ったのかどうかも憶え

二・五万図／木之本

・登山コース

余呉湖を囲む山稜には道が整備されており一周することができる。日帰りでは飯ノ浦の切り通しを境に二分割すれば、ちょうどよい一日コースとなるだろうが、賤ヶ岳のある東半分を歩く人がほとんどで、西側の大平良山から神明山を歩く人は少ない。道や道標も東側ほど整備されていないので注意して歩いてほしい。

権現坂

古くから余呉と塩津を繋ぐ道として使われていた。賤ヶ岳の合戦の折、行市山に陣を敷いた佐久間盛政が合戦の端緒を開いた進軍路として、峠から二手に分けて秀吉軍へと攻め入る道として使われた。現在は川並から登る余呉側は深く掘り込まれた道があって、しっかりと歩き続けられているが、塩津側は尾根から

ていなかった。そして権現坂から尾根は北東へと分岐し、茂《しげ》山、神明山、堂木山といった、合戦当時砦が築かれていた山が並んでいる。神明山、堂木山は秀吉方の木村隼人、木下一元が陣を構え、茂山は盛政が進軍した時、同時に同じ勝家方の前田利家が陣を敷いたところだ。しかし盛政が大岩山を退きこの尾根から退却した時に、背後にあって援護すべき利家軍は、陣を放棄して戦いもせずに塩津へと下り、敦賀方面へと脱出したのだった。利家は秀吉に内通していたと言われている。これがこの戦の勝敗を決した一番大きな原因であったが、栃ノ木峠から敗走した勝家は北ノ庄へと戻る途中で府中城（武生）へと立寄り、前田利家に年来の交誼を謝したとされている。利家の裏切りといい、勝家の利家への対応といい、戦国期にはこうした行為はごく普通のことだったのだろうか。それにしても柴田勝家の行動は潔いというのか、何とかっこいい男なのだろうか。

　左の琵琶湖側が植林地、右の余呉湖側が雑木林だった。途中で左へ塩津へと下る道が分かれており、檜林の間から塩津浜へと細長く入り込む琵琶湖の風景が覗いていた。また反対側も伐り開かれたところがあり、余呉湖の背後に屏風のように広がる横山岳の見事な雪山の姿が眺められた。戦った兵はどんな気持ちでこんな風景を見ていたのだろうか。

　雪を踏みながらの大平良山への登りが続いた。誰も踏んでいない雪の中は気持ちがいい。陽が差し始めるようになるといっそうテンションが上がって、休まず登って行った。雪山歩きの楽しいところだ。大平良山の山頂は緩やかに雪面が開け、右側の木々の間から余呉湖と山々の眺望が広がっていた。昼にするのにもってこいのところだ。腰を下ろしてガスストーブに火を点けた。寒さがジーンとしみるがこの眺めは最高のもてなしだった。

祝山の谷へと下るところが分かりにくくなってしまっている。塩津側は掘り込まれた道は残っているものの、生え込みや木々の倒れ込みがあり、ほとんど歩かれている様子がなかった。歴史ある道だけに復活してほしいものだ。

頂上からは明るい雑木林の方へとひかれるように下ったが、前に琵琶湖が見え始め九十度間違って西へと進んでいることに気づいた。北へと続く稜線は暗い単調な植林地で、林床は常緑のヤブニッケイばかり。暗い林の中だけに雪が軽くなって快適に下り鞍部に着いた。雪を被った小さな石灯籠がぽつんと立っていた。頂上からかなり早く下れたのでまだ権現坂とは思わず進みかけたが、昔歩いた時にこんなものがあったと思い出した。余呉湖の方へ少し下ってみるとしっかりとした峠道が続いていた。やはりここが権現坂だった。

山腹を巻くように道は続いている。左に林道に出合ったところで右の川並への道が下っており、お地蔵さまが祀られていた。少し林道を歩いてから尾根に入った。前田利家が陣を置いたという茂山を過ぎてから、下りすぎたと思ったら北の尾根へと入っていた。前の文室山が大きく見えおかしいなと気づいた。今日二回目の間違い。少し戻りトラバースして尾根に乗ると眼下に余呉湖が広がった。雑木と植林が混じった尾根に道が続いている。神明山には城跡探訪の人のために砦跡の図が立てられていた。頂上から鉄塔まで下るとその下に鹿除け柵が囲んでいて峠道が越えていた。柵を越え堂木山を往復してから余呉湖側へと下ると、真っ白の田んぼが広がった。

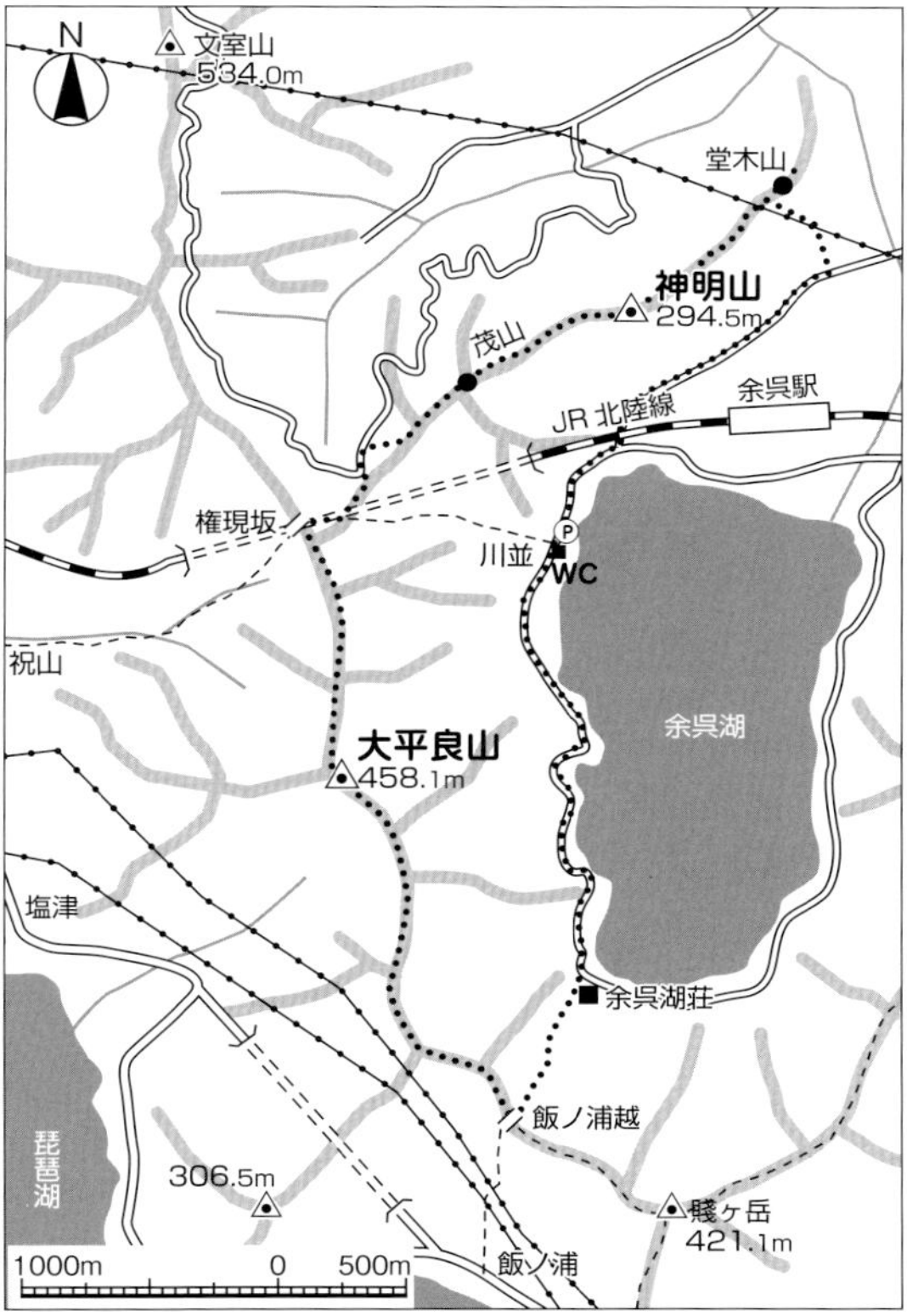

湖北を眺める山

行《ぎょう》市《いち》山《やま》 六五九・七m　文《ふ》室《むろ》山《やま》 五三四・〇

新堂から行市山への登山道

行市山から刀根越への稜線

右頁
上／夏の行市山頂上から見る眺め

下／上と同じ行市山からの冬の眺め。
広々と開けた気持ちのいい頂上だ

標高六五九・七m、行市山はそんなに高くはないがどこから見ても目立つ山である。湖北奥山の入り口となる山で、眼下に北国街道を望んでいる。周りの山からも目に付く山だし、この山頂からも東側全体が大きく開けている。登ってみると賤《しず》ヶ岳合戦の時に、ここに佐久間盛政陣地が置かれた意味がよく分かる。山頂からの展望は、南は北国街道の谷間の先に広がる琵琶湖から鈴鹿の山々、そして東から北は湖北奥山の連なりが眺められる。素晴らしいの一言だ。

行市山は東側の北国街道沿いの新堂から登るのが一般的なコースである。登山道は賤ヶ岳合戦の折、柴田勝家の身代わりとなって討ち死にした、毛受《めんじゅ》兄弟の墓地から鹿除け柵の扉を開けて、すぐ尾根に取り付いて登り始める。中谷山の砦跡まで登ると行市山の東側山腹を走る林道がすぐ下に見える。道はやがてこの林道を横断して尾根道を辿ると、別所山《べっしょやま》の砦跡に出る。しっかりと踏まれた道でブナ林も残る美しい林の中に続いている。しばらくゆるやかだった尾根はやがて急となり、これを登りきったところが分水嶺となる主稜線だ。笹の下生えの雰囲気のいい林が広がっているが、西側は植林帯となっている。この山は稜線を境にして樹相がくっきりと分かれている。

樹林の道から西側が伐り開かれたところに出ると、もうすぐ上が頂上だ。頂上を中心に西側が広く伐られ大きな眺望が開けている。いつ登っても気持ちのいい頂上だが、特に冬の眺めが素晴らしい。

この山に初めて登ったのは三十数年前で、沓掛《くつかけ》から三方ヶ岳を経て登っている。行市山だけではボリューム不足なので三方ヶ岳とからめて登ったのだろう。ゆったりとした稜線は笹の原だったが、笹が枯れていてばりばりという音を立てて歩いたのを憶えている。当時はまだ植林されて間もない若木のため、陽がよく当たってイバラがひどかった。三方ヶ岳から行市山にかけては広く伐採され植林地となっている。

それ以来ずっとご無沙汰していたのだが、ここ最近三度も登る機会があった。行市山西面が一面の伐採、植林の広がる山だったので、最初の印象はあまりよくなかった。以来それっきり足を向けなかったのだが、久しぶりに登ってみて冒頭に書いた見事な眺望に出合ったのだった。一面の植林地も年月を経て落ち着いてきたようだ。

現在では新堂からの登山道以外二つのコースが開かれており、頂上から南北に延びる稜線に道が続いている。変化のある登山が楽しめるようになったのではないだろうか。頂上から南側の稜線直下に林道がある。林道は山腹を権現坂付近まで進んでいて、文室へと下っている。林道歩きとはなるがこの林道を使えば賤ヶ岳方面から縦走ができる。林道の途中の集福寺越から林道を離れて稜線上に道が開かれている。自然林の中の静かな道である。一般コースの林道を横断するところから林道を集福寺越まで歩くと、一般コースから集福寺越、頂上を巡って周回することができるようになった。

そして集福寺越から少し南に、三角錐の形のよいピークをもたげているのが文室山である。稜線通しには行市山から南は集福寺越までしか伐り開きされていないので、林道を歩いてから鉄塔巡視路を登る。山頂近くに鉄塔が建っているので、この巡視路を辿ると文室山の頂上に出る。道は稜線を越えて塩津へと下っている。

また行市山頂上から北側も稜線通しに以前から道があったのだが、笹がかぶって歩きに

二・五万図／木之本、中河内

・登山コース

西側の新堂の毛受兄弟の墓地からが一般コースとなっている。また頂上から南北に延びる稜線にも余呉トレイルクラブによって道が伐り開かれているので、変化にとんだコースを楽しめるようになった。積雪期には西の新道野から三方ヶ岳をへて行市山に登る中央分水嶺コースが面白い。また文室山付近の南北に延びる稜線は道が開かれていないが、東西に越える鉄塔巡視路が頂上を通っている。

集福寺越

余呉の北国道から湖岸の塩津側の集福寺へと越える峠道。文室から権現坂を経て稜線を北上して、池原、小谷へと通じている林道があるが、この稜線直下の林道から昔の集福寺越を登って見たが、笹藪が埋める下には古い道型が残っていた。峠の形状も残さ

れていたがこの僅かな部分を歩いただけで、まだ両側の峠道は歩いたことがない。地図を見ると谷に破線が描かれているので、谷道ならばもう分からなくなっているのではないだろうか。

行市山登山道の登り口となる新堂の毛受兄弟墓所

くくなっていた。しかしここも余呉トレイルクラブによって、中央分水嶺余呉トレイルとして伐り開かれたので随分と歩きやすくなっている。一般ルートから頂上を経て北へと稜線を歩いて刀根越まで、少し長いがいい一日コースとなるだろう。

　この行市山から北の稜線は、中央分水嶺余呉トレイルの南の起点ともなり、ここから滋賀、福井の県境となる分水嶺が延々続くのである。コースはまだ開かれたばかりの細々とした踏み分けだが、ブナ林が多く残り、随所で敦賀湾や敦賀を囲む山々の眺望が望める静かな登山道だ。目立ったピークもなく地味な山稜だが、素敵な縦走コースである。湖北の深い山の雰囲気を手軽に味わうことができる貴重なルートだと思う。

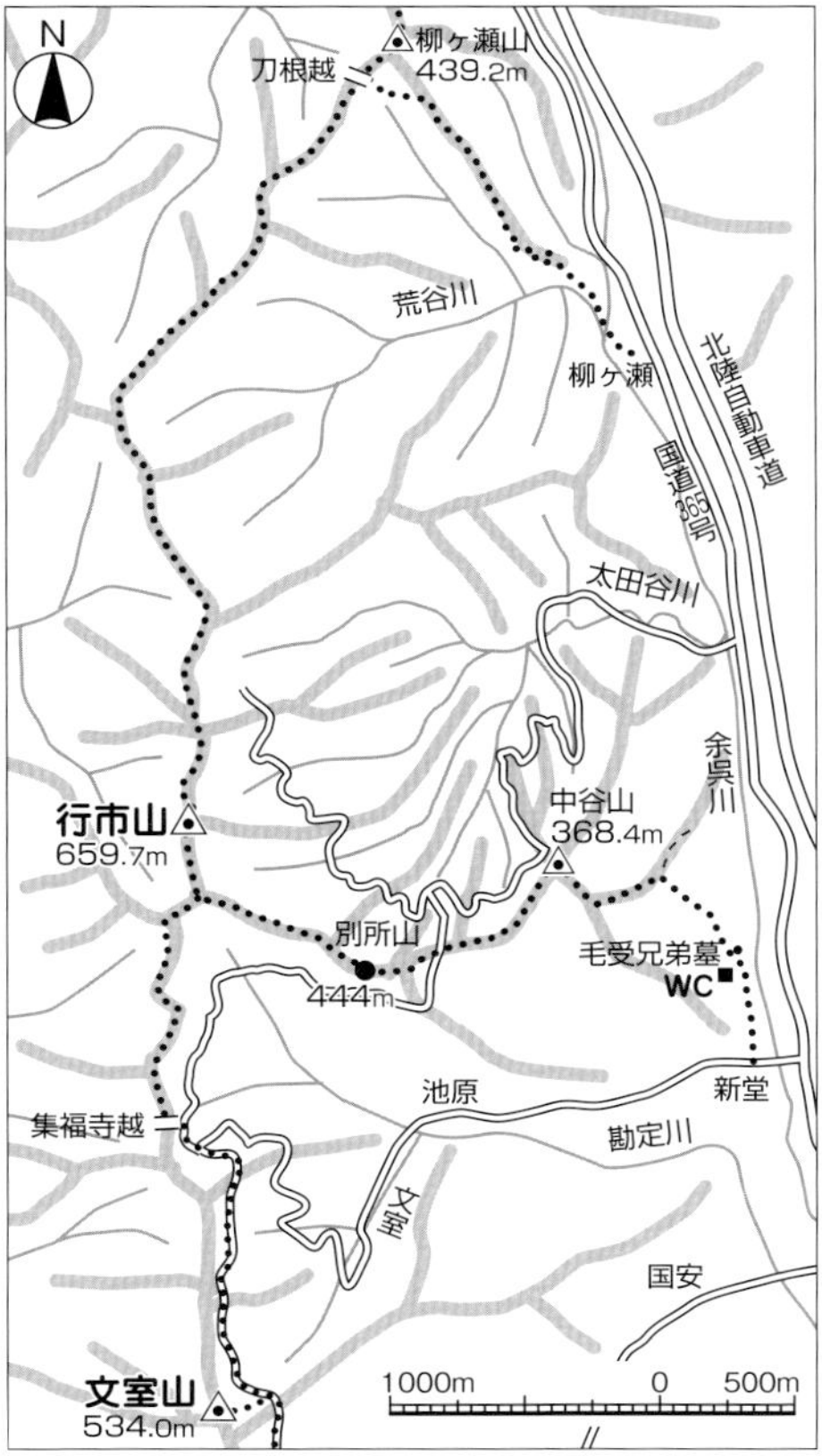

雪山の悦楽ここにあり

三《さん》方《ぽう》ケ《が》岳《たけ》　約六〇〇m

大師走《おおしわす》　五七三・九m

すっぽりと雪をかぶった三方ヶ岳付近の稜線

右頁
上／三方ヶ岳からの大浦湾と塩津湾がくぼんだ琵琶湖の眺め
下／稜線は植林地も多いが美しい自然林も広がっている

湖北の山の範囲として新道野峠《しんどうの》を湖北山塊の西端と位置づけている。そしてこの新道野峠と直角に交わる山稜が、太平洋と日本海に水を分ける中央分水嶺である。滋賀県の中央部には日本最大の面積を誇る琵琶湖が広がり、その北側を横断する分水嶺は著しく日本海側に偏っている。そのためこの分水嶺上からは北に敦賀湾、南に琵琶湖を見渡すという、たぐいまれな絶景が展開することになる。余呉トレイルの行市山付近から分水嶺を西に高島トレイルの水坂《みさか》峠付近くらいまでが、日本海と琵琶湖に挟まれた最も狭い地域であるが、特に新道野峠から行市山間が両者を最も近く眺められるところである。

新道野峠から行市山の間には点標名「大師走」という五七三・九mの三角点ピークと、三角点のない標高約六〇〇mの三方ヶ岳がある。稜線上に登山道はなく、笹と植林帯の続く平凡な山なので、これらの山に登る人やこの間の分水嶺尾根を歩く人はあまり見かけない。しかしこの山上から敦賀湾と琵琶湖の眺望を望めば、素晴らしい山であることがすぐに理解できるだろう。三方ヶ岳には送電線の巡視路があるので、分水嶺尾根を行市山まで気軽に歩ける道が開かれれば、バリエーションが増えて楽しみの多い山となることと思う。

この大展望を期待してある晴れた冬の一日、新道野峠から行市山へと歩いてみた。沓掛《くつかけ》に車を置き縦走して集福寺集落へと下る予定だ。二・五万図でざっとルートを追ってみると結構ハードな一日になりそうだった。

国道八号線を歩いて新道野峠まで行くと、峠に車を置いて八号線を歩いて下る中高年パーティとすれ違う。こんなところで登山者に会うとは思ってもみなかった。彼らもそう思ったのか、「どこに登るの？」と声を掛けられた。「こっち」とストックで三方ヶ岳の方の山を指すと、「じゃ上ですれ違うね」と返ってきた。

峠にある家の横から分水嶺尾根を登って行く。道もあるようだ。少し登ると木にロープを通した杭が並ぶ自然観察路のような広場に出た。稜線は結構新雪が積もっている。スノーシューもかなり潜り、一人でのラッセルの厳しさが予想された。五七三・九m大師走のピークまできつい登りが続いた。しかし空は見事なスカイブルー、植林の中のふかふかの雪を漕いでの登りはしんどいが気持ちよかった。

大師走からはゆるやかなアップダウンの尾根で植林帯と細い灌木がびっしりと埋まる林が稜線を分けていた。植林帯は雪面が広く開けスキーでも滑れそうだ。いつもはこんな杉の植林の中を歩くのはいやなのだが、杉の深い緑と雪の白、そして柔らかに凹凸を繰り返す雪面の取り合わせが美しく思えた。時折左には自然林が開けて、白い斜面に樹影を映している。こんなところをスキーで下ればさぞ気持ちがいいことだろう。

稜線からの眺望も見事だった。西に野坂、岩籠《いわごもり》から乗鞍の山々、北は県境尾根から敦賀の低い山々が続き、敦賀湾から西方《さいほう》、蠑螺《さざえ》の山々も見えている。東は行市山から形が美しい大黒山、そして奥に真っ白のピークも覗いていた。南は入り江のように入り込んだ琵琶湖の塩津の浜が水面を開けていた。今日はサイコーの展望日和だ。

三方ヶ岳頂上も杉の植林地の中だった。前に行市山が見えているがまだ遠い。行けるだろうかという気持ちも湧いてくるが、この分水嶺をどうしても通しておきたかった。しばらくは小さなアップダウンを繰り返し、行市山に近づくと右は灌木帯、左は植林地が続く。遅越で高度を下げてまた行市山まで登って行かなければならない。雪も少し重たくなって

二・五万図／木之本

・登山コース

無雪期には歩いていないが国道八号線側から大師走手前付近まで自然歩道があるようだった。三方ヶ岳には鉄塔があるのでその巡視路が使える。新道野から行市山までの中央分水嶺は登山道はないが（道が開かれる予定）、ほとんどが植林地なのでその仕事道があると思われる。無雪期の状態は歩いていないので分からないが、積雪期は快適なルートだった。

遅越と長者屋敷

南北朝の戦乱で足利勢に追われ北陸落ちする新田義貞の軍勢が七里半越を塞がれて迂回し、遅れた将兵が集福寺周辺で悲惨な最後をとげたといわれている。下塩津神社にその供養塔があるという。遅れた軍勢が越えようとした峠から遅越と名付けられた。遅越は三方ヶ岳から東に延びる

県境尾根が行市山の手前でU字型にカーブするが、そのU字の上にあたるところのコルにある。福井県側は奥麻生川の源流が緩やかに広がるが、ここが長者屋敷で落ち武者が隠れ住んだとされており、南朝忠臣の墓があるという。伏木貞三氏の『近江の峠』（白川書院）によると、遅越の道は奥麻生の人たちが炭を運び出すのに使った道で、集福寺から大八車で塩津港まで運搬したと書かれている。

稜線からの野坂岳方面の眺望

きた。引き返すなら今だよという心の中の声も聞こえてくるが、ぐっと我慢して登り続けた。休めば気持ちもだれてくるので、ついに三方ヶ岳から行市山まで休まずに歩き通した。

賤ヶ岳からの尾根と合流するともうひと登りで頂上だ。樹林を抜けると右に真っ白の雪面が開けて、湖北の山々の大きな眺望が見渡せた。後ろからの足音に振り返ると単独の登山者が登ってきたので挨拶をする。頂上手前で足跡が現れて驚いたことだろう。そういえば新道野峠で出会ったパーティとは会えなかった。きっとこちらの方が早かったのだろう。

広い雪の斜面に座り込んで昼にした。湖北の山々をおかずにカップ麺の昼食もおつなもの。お隣さんも同じメニューだった。

挨拶をして先に下山した。賤ヶ岳へと続く稜線を下ってから、集福寺越の北から尾根を下った。今日はGPSがあるので安心だ。忠実に尾根を辿った。林道に出て集福寺の集落に入ると、家々はひっそりと静まっていた。

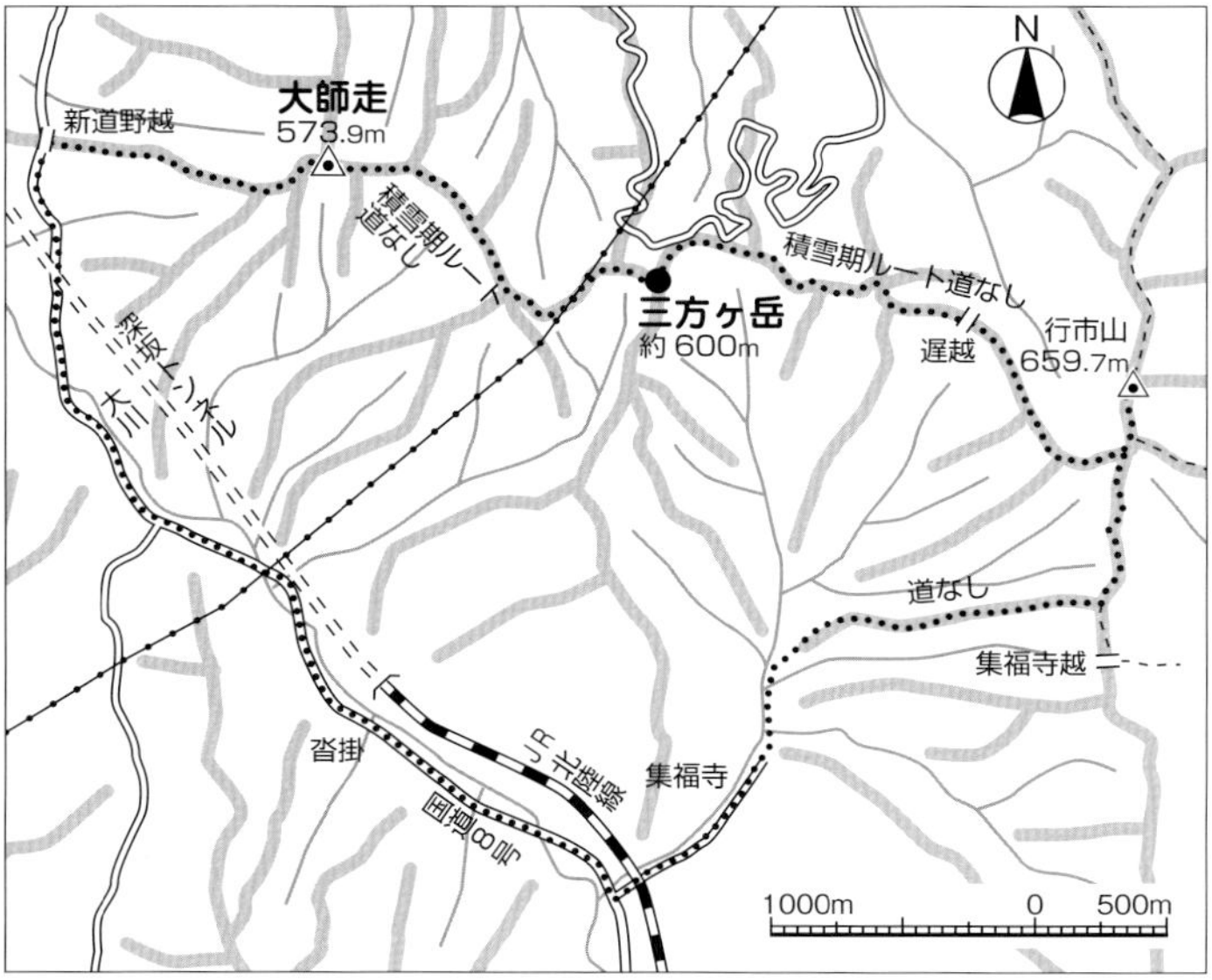

豊かな自然に分け入る道
中央分水嶺余呉トレイル

柳《やな》ケ《が》瀬《せ》山《やま》
四三九・二m

網《あみ》谷《たに》
六四六・七m

左から
チゴユリ、ツボスミレ、ニリンソウ、イチリンソウ

右頁
上／新緑が鮮やかな柳ヶ瀬山山上の玄蕃尾城跡

下右／ブナ林が見事な網谷付近

下左／オドリコソウの群生と一本の八重桜が咲く柳ヶ瀬の刀根越への登り口。

庄野越にある〒マークの入った建造物

椿井嶺付近からの敦賀湾の眺め

柳ヶ瀬山から栃ノ木峠といえば東側に国道三六五号線が並行している山稜で、滋賀県、福井県の県境であり、太平洋、日本海へと水を分ける中央分水嶺ともなっている。といっても四〇〇から六〇〇メートル台の連なりで目立ったピークもなく、いままでは登山の対象ともならなかったかったところである。もちろんその間はほとんど道さえなく、ところどころで峠道が越えている程度である。ここに中央分水嶺余呉《よご》トレイルとして道開きがスタートしたのが二〇〇九年で、行市山から栃ノ木峠まではほぼ伐り開かれたので、この余呉トレイルの柳ヶ瀬山から栃ノ木峠までを二回に分けて歩いてみた。

柳ヶ瀬からスタート。刀根越の峠道は切り返しながら高度を上げる歩きやすい道だ。昔は荷車などの通行があったのだろう、良く手入れされ路傍にはイカリソウやスミレの花が咲いていた。峠からひと登りすると、賤《しず》ヶ岳の合戦で柴田勝家が築いた柳ヶ瀬山の玄蕃尾《げんばお》城跡に出る。山上は手入れされて公園のようになっており、東側の大きな眺望が望めた。

ここからがいよいよ中央分水嶺余呉トレイルのスタートである。最初は尾根の形状も単純で杉の植林帯の中の道は、比較的分かりやすかった。しかし国道と北陸自動車道のトンネル上を通過する辺りから、北へと行くにつれて道も分かりにくくなってくる。部分的に歩きやすいところもあるが、伐り開きがなければやっかいなところだ。椿坂峠からの林道と出合うまでは、△五五九・三m付近が地形が複雑で少しうろうろさせられた。

椿坂峠から上がってきている林道を歩いてから林の中に入り別荘跡に出合ったところで、分水嶺は左へと振って急な斜面を下る。ここからがいよいよ複雑な地形が続くようになる。尾根は小さなピークが続き、コルに下ってはまた登り返すという繰り返しとなる。

二・五万図／中河内、板取

・登山コース

　中央分水嶺余呉トレイルとして整備されつつあるコースで、やがてはもっと分かりやすい道となることだろう。しかし伐り開きはともかく地形が複雑なので読図コースとしては面白い。もう少し整備されてもいいとは思うが、あまり整備されすぎないことを望むばかりだ。笹をくぐり、倒木を乗り越え、体に当たる枝を払いながら歩く。これこそが山歩きの楽しさであろう。特にこの柳ヶ瀬山から栃ノ木峠までは自然度も適度に深く、六〇〇m程度のアップダウンも少ない山並みは、一日の山歩きには最適のコースとなることだろう。

塩買い道・庄野嶺越

　塩買い道は中河内から西へ網谷を入り、峠を越えて獺河内に下り、ウツロギ峠を越え

コルにはヌタ場があって、右に左に曲がりながら続くこの地形は余呉分水嶺特有の地形だ。六二八・一m（点名津谷）は伐り開かれている。ここからはさらに伐り開きも曖昧になったが、慎重に尾根を追いながら進んで行くとブナが出てきて植生も変わってくる。前には六四六・七m（点名網谷）の端正な姿が覗き、奥山に入ってきたなあという気分になってきたところで、深く掘れ込まれた庄野嶺《しょうのみね》越に出合う。中河内《なかのかわち》と池河内《いけのこうち》を結ぶ峠道である。峠からはブナの山稜に変わる。道も歩きやすくなった。大きなブナが多くなり新緑が爽やかだ。このトレイル屈指の美しい区間であろう。網谷の三角点のすぐ北にある、中河内の人が敦賀へと越えた塩買い道という峠道から中河内へ下ったが、もう廃道となっていた。

　中河内に下りるとあらかじめ調べたはずの時刻にバスはなかった。どうしよう。考えていても仕方がないので歩くことにした。柳ヶ瀬まで何時間かかるだろうか。開き直って道端のコゴミを摘みながら歩くうちに、一台の車が停まった。「乗りますか」の声。同じ分水嶺を歩くご夫婦の登山者だった。捨てる神有れば拾う神あり。まさに神の声だった。

　二日目は中河内から前回下った塩買い道を登ったが、最後に詰める谷を間違って峠の少し南側に出た。最初から複雑な地形が続くが伐り開かれているので快調だ。しかし右に送電線が近づく付近で伐り開きが分かりにくくなった。一部分で鉄塔巡視路を歩くがその前後では、何度か藪に入っては伐り開きを見つけるということの繰り返しだった。しかし進むうちにやがて伐り開きもしっかりとしてくる。こうなればペースも早くなり、昼頃に余呉高原スキー場のゲレンデ上端に出られた。新緑の上に白山が白く浮んでいた。ゲレンデの端を歩いて峠の滋賀県側へと下り中河内へと戻った。

て敦賀の五幡へと出る道。昔は中河内から炭を運び、五幡で塩を買って帰ったという。中河内からは池河内へと越える庄野嶺越の峠道があり、この道は今も一部を除いてはしっかりと残っている。一方の塩買い道は網谷の林道終点から峠までの道はもうほとんど廃道となっていた。峠から敦賀側も最初は分かりにくいが、斜面をトラバースして尾根に乗ると、獺河内へと下る道が続いているが、最後の谷へと下るところが藪に埋もれていた。しかし峠道は分水嶺余呉トレイルの整備の一環として復活されたという。歩けるようになったのはうれしい限りだ。

刀根越

倉坂峠、久々坂峠とも呼ばれている歴史深い道。柳ヶ瀬山まではよく整備された道なので、軽いウォーキングにうってつけの素晴らしい歴史探訪コースとなる。春は花も多く楽しい道だ。

右図は南下半部で柳ヶ瀬山から津谷まで

下図は北上半部で津谷から栃ノ木峠まで

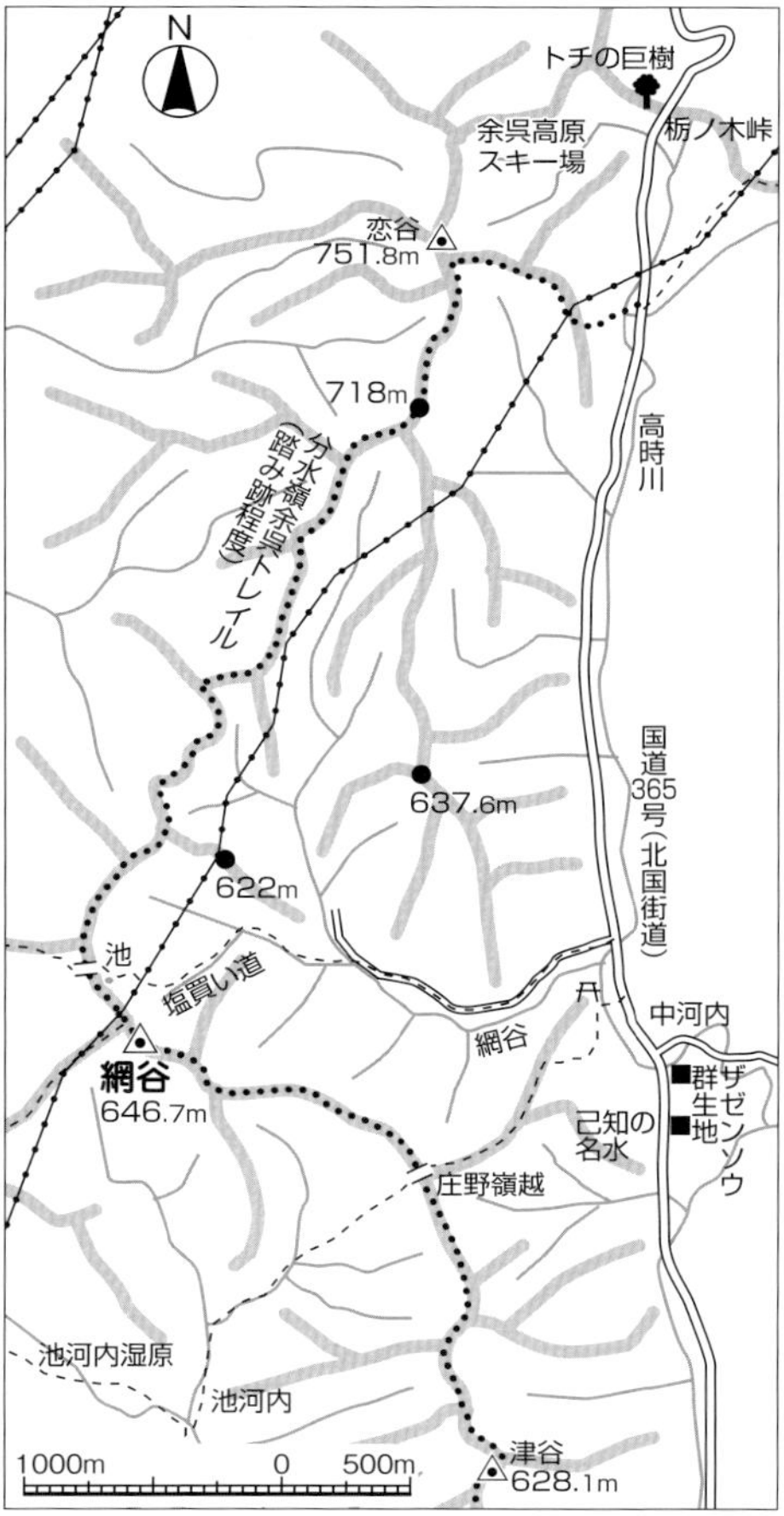

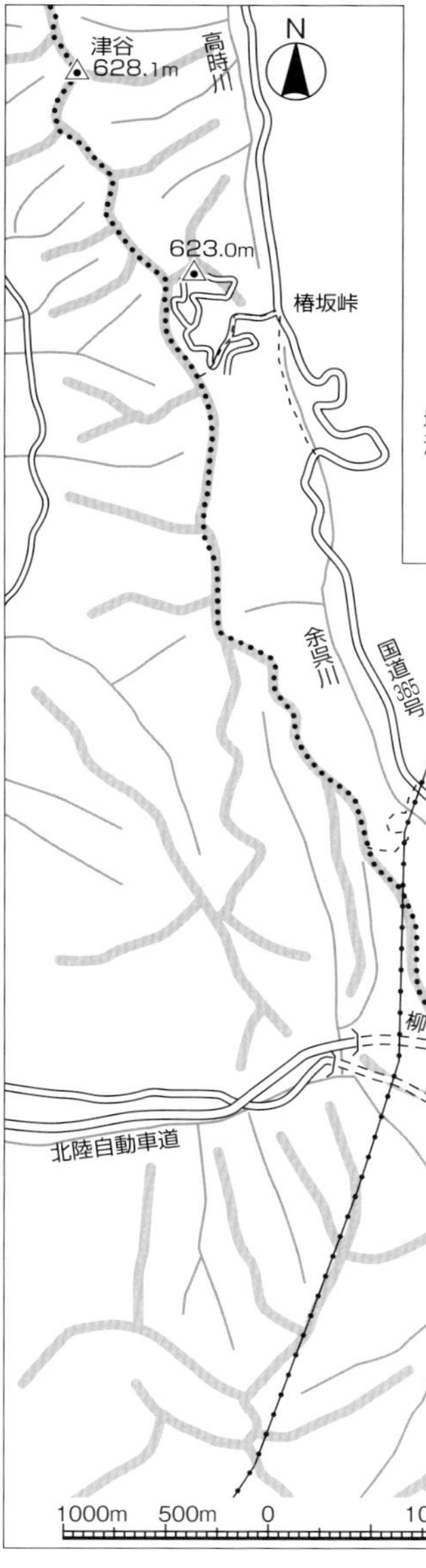

塩買い道の峠の下にある黄金清水の池

春の息吹あふれる森

呉《くれ》枯《こ》ノ峰《みね》 五三一・九m

右頁
上右／田上山への道　上左／ブナの若葉　中右・左／朱雀池周遊道　下右／菅山寺のケヤキの巨樹　下左／朱雀池

ミヤマカタバミ

イワナシ

キンキマメザクラ

ユキツバキ

呉枯ノ峰は標高五〇〇m余り、木之本の市街地のすぐ上にある典型的な里山である。どこにでもあるごく平凡な山なのに、遠いところから登りにくる人も多い。一等三角点の山だからということのようだ。湖北らしい山といえば美濃や越前へと続く奥山に最も魅力を感じているのだが、時にはこんな小さな山を歩くのも楽しいものだ。

三角点マニアでもない私は呉枯ノ峰よりは菅山寺《かんざんじ》に魅かれて歩いている。呉枯ノ峰から北へと進むと、二・五万図に四五九mの標高点が入れられているところがある。ここは西の坂口から道が登ってきて東へと越える峠状の地形で、東に下ると菅山寺がある。この寺は奈良時代、孝謙天皇の勅を受けた照壇《しょうだん》上人が開山し龍頭大箕寺《だいきじ》と称したが、平安前期に菅原道真が宇多天皇の勅使として入山して三院四十九坊を建て、大箕山菅山寺と改名したという。伝承では子供の頃にこの寺に預けられていた子供が、参詣のために訪れた菅原是清の目にとまり、養子として京にいくことになったが、それがのちの菅原道真だという。山門の脇には菅原道真お手植えという二本の大ケヤキが立っている。片方が枯れかかっているのが残念だが、素晴らしいケヤキは見事な景観をつくり上げている。

菅山寺周辺は三五〇m～四五〇m程度の標高なのだが、ブナやミズナラの森を形成している。ケヤキが立つ山門から少し下ると本堂と鐘撞堂などがあり、さらに下ると朱雀池というコイの泳ぐ池があって、近江天満宮の立派な社殿がある。

菅山寺は坂口からの道が表参道で、坂口には弘善館という里坊があり、ここから北陸自動車道をくぐって参道が菅山寺へと続いている。自然林に包まれた山だけにいつの季節もいいのだが、特に春がお奨めだ。弘善館《こうぜんかん》前の棚田跡にサクラなどが咲き競いオドリコソウ

二・五万図／木之本

・登山コース

呉枯ノ峰へと至る登山コースは多い。木之本の意冨布良神社から田上山へと登って呉枯ノ峰の稜線に合流するコース。赤川からもこの尾根に合流することができる。同じ木之本からは伊香高校の横から主稜線を辿るコースがある。西側は坂口からの菅山寺への参道、東側は高時川の大見から菅山寺へと登る道があり、北側のウッディーパル余呉からは林道が呉枯ノ峰の稜線へと上がっている。積雪期はどのコースをとってもいいだろう。

湖北とケヤキの巨樹

菅山寺の山門脇にあるケヤキの巨樹はよく知られている。両樹の配置が素晴らしく実に絵になる風景なのだが、片方がかなり弱って枯れかけている。湖北地方では方々で

やヤマエンゴサク、イカリソウが一面に広がっている。参道は登る人も少ない静かな道でイカリソウ、スミレ、シュンランなど多くの花が見られた。そして峠状の稜線を越えて菅山寺へと下ると、あたりはブナの新緑に包まれる。近江天満宮のある朱雀池を周回する道があり、ブナの林床には季節を追って咲く様々な花が見られる。

いつも坂口から登っているので、違うコースから登ってみようと木之本地蔵として有名な浄信寺《じょうしんじ》で北国街道を左へと曲がり、またすぐに右へと細道を入って、意冨布良《おほふら》神社から田上《たがみ》山へと登った。暖かな春の陽射しがいっぱいの北国街道の街並みは情趣に溢れ、こんな小さな山にぴったりとはまるゆるゆるとした気分、心地良い歩き出しとなった。

山道から林道に出合うとずっとサクラ並木が続き、やがて木之本の街並みが広がった。そして尾根の山道を登ると田上山の城跡に出る。城といっても賤ヶ岳合戦の折りに築かれた砦といった程度のものだ。あたりはショウジョウバカマの緋色が褐色の足元を彩っている。しばらくはゆったりとした道だが、途中からぐんぐんと登る道となって呉枯ノ峰の北の稜線に出た。りんりんという鈴の音がしてすぐ前を大集団の登山者が進んで行った。

アップダウンを繰り返す稜線にはコブシが美しく咲いていた。芽吹き直前の木々の微妙な色合いの重なり、そしてどこからともなく漂う照葉樹の香り、柔らかな春の空気に包まれると酔いが回ったように気だるさに包まれた。しかし坂口からの参道と合流して右に菅山寺への道へと下ると、緑が僅かに開き始めたブナの緑を通した陽光が突き刺すように林床に踊り、気だるい心身を覚醒させてくれた。

近江天満宮の前で昼にして、ガスストーブを点けコーヒーをいれた。静かな森の中では

ケヤキの巨樹を見ることができる。菅並の横山岳登山口にも見事なケヤキの老樹があるし、菅並からの登山道にもケヤキの広場と呼ばれている、ケヤキの大木の群生地がある。いくつもの湖北のケヤキを見てきたが、何と言っても素晴らしいのが、高月町柏原のケヤキである。とにかく大きく枝の広がりが見事な超弩級。こんなケヤキと山中で出会うことがあればぶったまげることだろう。

稜線の坂口への道の分岐から見る湖北の平野と琵琶湖

インスタントコーヒーでもおいしい。コーヒーは気分を入れ替えてくれる魔法の飲み物だ。池の周遊路を花を見ながらゆっくりと巡った。ミヤマカタバミ、ヤマエンゴサク、エンレイソウ、ワサビ、スミレサイシン、花がいっぱいだった。

峠に戻りさらに北へと稜線を進むと車道に出る。そして斜面の藪を分けて四八一・八ｍの三角点ピークを踏みに行った。中ノ郷という点標名である。さして三角点には興味はないが、山頂という形があるなら立っておきたい。三角点はひどい藪の中だった。

稜線を南に呉枯ノ峰へと向かう。田上山からの尾根の合流点から少し上が頂上だった。ここは広々と伐り開かれていて、昔きた時とは印象が変わったような気がした。いい道が続いていて、両側の林は陽が入るように刈られて整然と手入れされている。日が経てば立派な林になることだろう。平坦な尾根から木之本の町に向かって下って行くと常緑樹林の中をじぐざぐを切って掘れ込んだ道が続いた。よく手入れされていて気持ちがよかった。

薄暗い常緑の林からぱっと明るみに放り出されると、木之本の町が広がった。どこを切り取っても春の明るい光の中にいた一日だった。

丹生谷に聳える美しい山

七々《なな》頭《ず》ケ《が》岳《だけ》 六九三・一m

菅並からの登山道から見る上谷山と左千方

上丹生への道には大きなブナが並ぶ

右頁
上右／菅並からの登山道を登る
上左／上丹生へと大きなブナ林の中を下る
下／上丹生から見上げる七々頭ヶ岳と美しい高時川の流れ

上丹生《かみにゅう》集落の背後にせり上がる三角錐の美しい山が七々頭ヶ岳である。山頂には伊香《いか》三十三所観音霊場となる西林寺《さいりんじ》という小さなお堂が祀《まつ》られ、直下には伝説のあるるり池という、斜面から水がしみ出す水場がある。

残雪の頃この山容に魅かれて歩いたことがあり、上丹生から山頂へと登って妙理山《みょうりやま》まで尾根を辿って菅並《すがなみ》に下ったことを記憶している。でも山のことは七々頭ヶ岳から下って妙理山へと向かうところで出合った、凍った池ぐらいしか覚えていない。るり池とは別の池である。それからも何度かこの山に登っているが、ブナの巨樹のある山というイメージと、あと一つ七々頭ヶ岳と一体となった高時川の流れが強く脳裏に残っている。

高時川は滋賀県では最も美しい川だと思う。川幅いっぱいに流れる豊かな水が印象的だ。これは水源の森の豊かさに起因するのであろう。高時川の一生はその壮年期までを緑が包む奥深い山々の中で過ごしている。深く幾重にも重なった山の、無数の小さな襞《ひだ》からしみ出した水が集まって、豊富な流れを形作っているのである。そこに住む人々は山や川から恵みをもらい、あるいは苦しみをも強いられながら喜怒哀楽を共にしてきたのである。

湖北の山は、こんな高時川とそれを包み込む山とがひとつに重なった全体の姿として捉えることが、山を知るうえでのポイントであろう。山を歩くにはやはり川を見なければ真のその山の良さを知ることは出来ない。山が健康で豊かなら川が美しくなり、そして人が豊かになる。人は体感としてそんなことを経験してきたはずだ。

七々頭ヶ岳には上丹生と菅並からの二つの登山道がある。どちらも伊香三十三所観音霊場となる西林寺への参詣の道である。参詣道といっても山上に観音様を祀るお堂への険し

二・五万図／中河内、木之本

・登山コース

山頂には伊香三十三所観音霊場となる西林寺があり、その参詣道として上丹生からと菅並からの二本のよく踏まれた道がある。アプローチも恵まれているので、積雪期の初心者向きコースとしても最適な山となることだろう。

西林寺とるり池

菅並の神社で五穀豊穣の舞が奉納される神子に選ばれた少女が、原因不明の皮膚病になり高熱を出して寝込んだ。観音さまを信心している老婆から、七々頭ヶ岳の観音さまにお願いしたらといわれ、村人が観音さまに願をかけたところ、白髪の老人が現れて「西に下ったところに池がある。その清水で肌を洗いなさい」と告げ姿を消した。村人はその清水を持ち帰り少女の肌を洗うと、たちまち美しい元の肌に戻ったという。それ以

い登山道だ。標高二〇〇メートルほどの山里から七〇〇メートル足らずの山頂まで一気に突き上げる急な登りが続いている。山頂のお堂が南側を向いているので、上丹生側からが表参道ということになるのだろうか。表、裏といってもどちらも急登には変わりがないが、上丹生側からの道は常緑樹の混じる里山林や植林地で占められた部分が多い。一方の菅並からは登り始めからブナ林に覆われた山深い雰囲気を持っている。菅並のブナ林は標高二〇〇メートルに分布する珍しいブナ林となっている。これは典型的な日本海型気候に影響されるこの地の雪深さと、標高とはアンバランスな山深さを、植生という科学的なデータが物語っている。しかし温暖化が進む昨今、この山深い里に将来どんな変化をもたらすのだろうか。ブナ林はその指標にもなることだろう。

雪に埋もれた菅並のブナ林から登り始めた。急な登りのジグザグを繰り返していると、谷を挟む対岸に小さく雪崩れた、茶色に汚れた斜面が見えた。かなりのどか雪だったのだろう。登るにつれブナ林から雑木林に変わったが、もとはブナに覆われていたと思われる。

落葉樹の雑木林の尾根は鬱陶しい杉や檜の植林地と違い、明るくて気持ちがいい登りだった。左に山頂付近が望め、さらに登って行くと背後に横山岳が全貌を現してきた。重量感溢れる姿が魅力的だ。そして左に安蔵山《あんぞう》の背後に真っ白な三角の山稜が見えている。上谷山《かみたに》である。さらにもう少し登ると、上谷山から右に一一九六・八m峰(左千方《させんぼう》)と奥に重なる三国岳《みくに》の美しい姿が見えてきた。深く遠い山々である。今日はそんなに天気がいいとの予報ではなかったのだが、日本海に小さな低気圧が発生した時にできる一時的な晴天に恵まれ、風もなく暖かい絶好の雪山日和となった。前に見える妙理山の東西に広がる尾

来この池をるり池と名付けて大切に守ってきた。るり池は山頂の北西直下の山はだから湧きだしており、山頂の小堂の西林寺に観音さまが祀られている。菅並の人びとの七々頭ヶ岳への思いと観音さまへの深い信心が伝わってくる民話である。

頂上にある西林寺

根の斜面にも、明るい陽射しがいっぱいにあたっていた。

山頂に近づくと大きなブナが並んでいた。頂上の手前まで摺墨《するすみ》川を挟んだ新谷山から林道が延びてきているが、深い雪が車道とは分からないほどにすっぽりと埋めてしまっていた。西林寺のお堂に出たところが頂上だ。お堂の庇には何本ものつららが連なっていた。

暖かな陽射しの下で昼をとってから上丹生への道を下った。道に沿って立つブナは素晴らしく立派なものだ。新雪の下りはスノーシューの得意とするところであるが、スノーシューが初めてという人が何人かいて、あまりの急な斜面に尻込みして足がスムーズに出ない。やはり急斜面では恐怖が先に立つようだ。重たい雪に足をとられながら下ると植林地が広がり、七々頭ヶ岳の西斜面から行市山の北に延びる分水嶺尾根が見渡せた。小さく開けた谷間には上丹生から流れを少し遡った、摺墨集落の家々のかたまりも見えていた。どこまでも急な尾根で下部は常緑樹の暗い樹林の中に入って行くが、道は深く掘り込まれてしっかりと続いていた。

上丹生へと下り高時川に沿って歩き、振り返って豊かな流れの上に立つ七々頭ヶ岳を見上げた。いい川といい山。山里の美しさをしみじみと感じた。

もくもくラッセルで得た小さな充実感

妙《みょう》理《り》山《やま》 九〇一・五m

登る途中からの丹生谷の眺め

稜線に並ぶブナが美しい

右頁
上右／746.7m 峰の西からの県境の山々の眺め
上左／七々頭ヶ岳への登りの途中から見る妙理山
下右／746.7m 峰東の稜線には昔の道型が残っていた
下左／稜線は部分的にブナ林が残っている

七々頭《ななず》ヶ岳から北へと続く尾根は、菅並《すがなみ》集落の奥を遮るように山稜へと繋がる。菅並へと流れ込む妙理川の奥に広がる妙理山である。妙理山の点標名は下谷《しもたに》で下谷山とも呼ばれており、妙理の点標名はこの菅並へと延びる尾根の途中にある三角点七四六・七mピークに付けられている。妙理というのは仏法の言葉であり、麓にある洞寿院《とうじゅいん》を開いた恕仲《じょちゅう》禅師がこの地で白山妙理権現《はくさんみょうりごんげん》を感得されたところから妙理川、妙理山の地名が付されている。

　この山は登山の対象の山としてはなじみが薄い山であるが、私には湖北の山を歩き始めた頃から強く印象に残った山だった。というのも初めてこの付近の山へと歩き始めた頃に出合った、菅並から奥の高時川の源流域の山深さへの驚きだった。菅並は七々頭ヶ岳、妙理山、横山岳、墓谷山に周りを囲まれた山里で、余呉《よご》の中心地の中之郷から山峡をさらに奥へと入った山深い地である。現在では菅並がこの丹生谷の最奥集落となったが、以前はさらに奥深く、小原《おはら》、田戸《たど》、奥川並《おくこうなみ》、鷲見《わしみ》、尾羽梨《おばなし》、針川などの集落があった。岐阜や福井の県境の奥深い山々へと繋がる高時川源流。そんな山々への入り口の山が、この妙理山や大黒山、安蔵山であった。

　初めて妙理山へ登ったのは七々頭ヶ岳からの尾根通しで、さらに妙理山から東の七四六・七mを経て菅並へと下っている。登山道がなかったので残雪期を選んだのだが、素晴らしいルートだった。二度目は妙理川を詰めて妙理山と七々頭ヶ岳間の稜線に出て登ったが、若い植林地のいばらにいじめられた記憶がある。

　妙理山はやはり雪のある季節が適期となるが、次に登る時は残雪の頃ではなく、新雪期のたっぷり雪のある時に登ってみたかった。富永豊さんの著書『湖北の雪山50』（サンライ

二・五万図／中河内

・登山コース

ルートとしては洞寿院奥の林道から七四六・七mピークの西に上がる尾根に、雪崩止め柵の建築時の道があるので、これを使って登っている。また菅並から七四六・七mをへて頂上へと至る長い尾根に昔は道があり、今も道型が残されているが、最近この旧道を使って道が伐かれて歩けるようになった。菅並のこの尾根の末端から七四六・七m、妙理山から東尾根、椿坂とつなぐコースである。積雪期でも歩きやすくなるし、北の大黒山と繋ぐルートも伐り開かれている。

ズ出版）に妙理山の記録があり、菅並から妙理川の山腹に延びている水資源公団の新しい林道から登られているのを知った。ここなら新雪期に一人でも入れそうに思えた。

入り口に柵をした水資源公団の林道の前に車を停めた。トレースはもちろんない。この林道の終点妙理川の橋を渡ったところで山腹に突き当たり、道は唐突に終わっている。洞寿院からの古い林道を歩いてきてもいいのだが、水資源公団の林道は山腹を真っ直ぐに付けられているので効率が良く、しかも高い位置にあるので、取り付く尾根も見られたし、下山コースと予定している東尾根の様子もよく分かった。東尾根へと登るルートとする支尾根には雪崩防止柵建設用の道がジグザグに登っているのもよく見えた。

旧林道へと下りるとその伐り開かれた道が続いていた。尾根末端の急な斜面を折り返す道で、無雪期ならもう藪も生え込み始めているのかもしれないが、今は快適に高度を稼いでいけた。眼下に丹生谷《にゅうだに》が開けて集落が見えてくる。正面に墓谷山、右に七々頭ヶ岳、左の妙理山の東尾根の奥に横山岳の姿も現れた。さすが堂々とした姿だ。さらに奥には金糞《かなくそ》岳の長く延びる尾根も霞んでいた。

妙理山東尾根に出ると大きなブナが並んでいた。ずっと昔に登った姿がかすかに甦った。いい尾根だ。ブナといっても細い木が多いのだが、時折大樹に出合う。昔伐採された時に伐り残されたものだろうか。東尾根を西へと進むと標高八〇〇mから八五〇mへかかるところで少し登りがきつくなり、登りきったところで北西へと尾根が向きを変え、山頂へと向かう。この間で東側の展望が開けて岐阜との県境の山々が見えた。東尾根をはさんで左に安蔵山とその奥に岐阜県境との中尾嶺《なかおみね》（神又《かんのまた》）あたりだろうか、白く輝く峰が連なってい

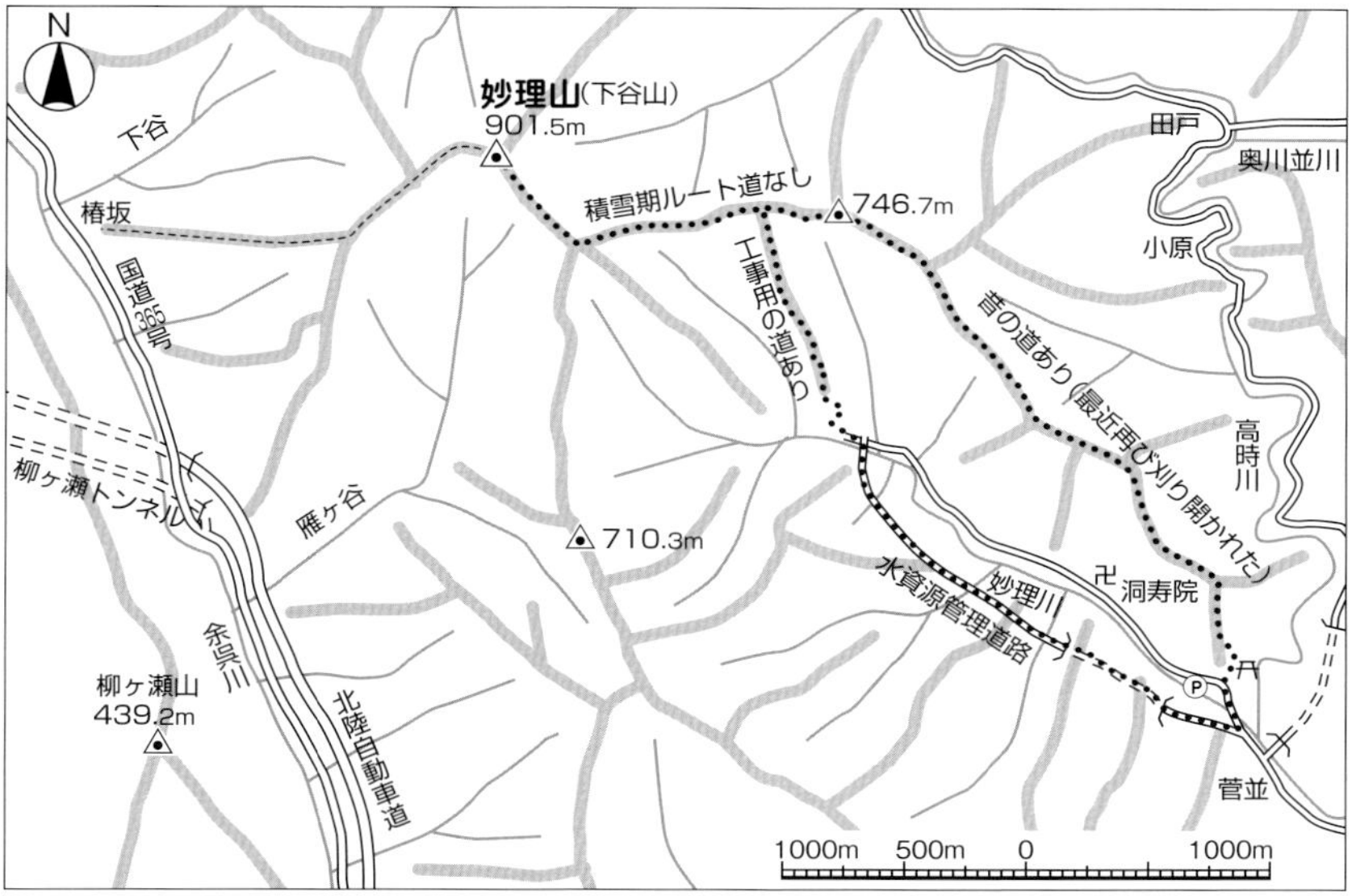

る。右は横山岳、墓谷山とその奥の金糞岳。湖北から奥美濃に連なる大パノラマだった。

尾根が向きを変えると頂上へと緩やかな尾根が続く。少し灌木がうるさくなり、最後に細い尾根を登ると妙理山の頂上に着いた。灌木に囲まれた湖北のいつものさえない山頂だった。小さなピーク、木々が囲む向こうには大黒山へと続く尾根が見えているが、足跡はまったくない。ひとりで雪の山に登っていると、人の足跡に出合うかなとか、ひょっとしたら人と出会うかなと思ったりして登って行くのだが、足跡にも人にも滅多に出会うことがない。

帰りは東尾根をそのまま菅並まで下ることにした。東尾根は七四六・七mピークで南東へと菅並集落に向けて真っ直ぐに延びている。大きなブナ林も途中から雑木林へと変わって里山っぽくなり、下って行くと昔の道型の窪みが出てくるが、ずっと昔歩いた時とあまり変わっていない。今はこんな里山を歩く人などほとんどいない。細い木々に悩まされ、最後の杉林の急斜面に苦しめられながら、妙理の里の駐車場の前に出た。

いつも通りのひとりの山行だった。ラッセルばかりの山登りだが、厳しさを乗り越えて頂上に登れたというような大それたものでもない。ルートを考え、ひとりもくもくと歩き、無事下りてきた。そんな小さな充足感がたまらなくうれしかった山の一日だった。

深緑、深雪のブナの森に遊ぶ

大《たい》黒《こく》山《やま》　八九一・五m

鯉《こい》谷《たに》　七八一・三m

深いブナ林の中の道

東尾根登り口の高時川渡渉点

右頁
上／東尾根にある美しいブナの大樹

下右／大黒山から鯉谷へと続く稜線の明るいブナ林

下右／スノーシューでのブナ林の楽しい下り

大黒山は送電線の鉄塔が山稜の南と東を横断しているので近づきやすい。取り立てて特徴もなく緑深い静かな山であるが、どこから見ても端正な姿を見せてくれる。この山に初めて登ったのは、国道三六五号線の椿坂峠《つばきさか》の登りにかかるヘアピンカーブから大黒山に突き上げる谷で、大黒山に登って七八一・三mの鯉谷へと尾根を辿り、西尾根を下って一周している。谷には炭焼きの窯跡があり、ワサビの花が一面に咲いていたのを記憶している。

鯉谷は鉄塔があるので巡視路を使えば簡単に登れる山だが、雪のついたときに椿坂峠の下から見上げると、ちょっと尻込みするような急斜面の西尾根が駆け上がっている。新雪の頃この西尾根から鯉谷に登った。斜面は急だが雪面は締まっていて、スノーシューの歯が効いた。杉林を抜け雑木林に入ると明るくなり、西側の県境の山並みが開けた。取り付きの急斜面での緊張が、この明るさと眺望によって一気にゆるんだようだった。傾斜も少し弱まり気持ちのいい林の中を登って行く。雪はスノーシューが少し潜る程度。尾根は右側が雑木林、左側は杉の植林地が続いており、右の明るい落葉樹の疎林の中を登った。

鉄塔まで登ると頂上だ。よくあるテープや山名の札なども見られない。東側は樹林が切れているところがあり、岐阜、福井の県境尾根の山々の連なりがワイドに広がった。手前にある横山岳や安蔵山、妙理山は樹林の茶色が目立つが、その奥の県境の山々はかなり白かった。素晴らしい眺めだ。この眺めをおかずに取り入れて、粗末な昼食に彩りを加えた。

大黒山に近づくにつれ大きなブナが出てくるようになった。シャッターを押す回数も多くなりペースも落ちてきたが、時間はまだ大丈夫だ。美しいブナ林の心地良さを確かめるように、何度も立ち止まっては大きなブナを見上げ、写真を撮りながら歩いた。

二・五万図／中河内

・登山コース

椿坂峠から尾根通しに頂上まで道が続いている。そして南の鯉谷から高時川の針川付近へと送電線が横断しているので、その鉄塔巡視路が椿坂から鯉谷、大黒山東尾根、高時川雌鳥谷へと続いている。大黒山、妙理山と大黒山北尾根も最近余呉トレイルクラブによって整備されたので、バリエーションにとんだ登山が楽しめるようになった。

南尾根と椿坂旧道

西尾根と鯉谷頂上直下で合流する椿坂からの鉄塔巡視路のある南尾根も積雪期に歩いているが、歩きやすいいい尾根だ。取り付きが急なのは西尾根と同じだが、たっぷりと雪があれば問題はない。大黒山から南尾根や西尾根へと歩く場合、マイカーでの登山なら車をどこかに置いて椿坂峠への車道を登るか下るかする

大黒山から東に延びる稜線に出た。もう少しこんな林を歩いてみようと、頂上に向かわず東へと稜線を歩いてみた。ここは雪のない頃は何度か歩いているが、雪の中は初めてだ。真っ白の雪稜と葉の落ちた木々の並びの背景に広がる雪の山々。緑の頃とは雰囲気が違うこの明るさ、この開放感が何とも言えなかった。気分を良くして大黒山へと向かった。

大黒山もテープや山名札などぶら下がるものもなく、誰の足跡もない清々しい山頂だった。頂上からは椿坂峠へと下った。下に車道が見えてくると見覚えのあるブナの巨樹に出合う。太い樹幹は瘤だらけ、満身創痍だ。山の厳しさを見せつけられる思いがした。

この椿坂峠からの大黒山への一般的な登山道は、急な斜面の尾根道で夏にはナツエビネが咲く。無雪期では物足りないので、稜線の南尾根から東尾根へと横切っている送電線の巡視路を周回するのがいいだろう。送電線は東尾根から高時川を横断して、針川の下谷川左岸の尾根から福井との県境稜線を越えて、今庄《いまじょう》の宇津尾《うつお》へと至っている。湖北最深部を縦断するこの鉄塔巡視路は、奥深い山々への貴重な登路となっている。大黒山へも高時川からこの送電線巡視路を使えば、スケールと奥行き感のある大黒山を楽しむことができる。

高時川からの巡視路の取り付きは、半明《はんみょう》と針川の中間あたり、大黒山の東面に突き上げる雌鳥谷《めんどりだに》へと入って行く。車道から車一台幅くらいの道が高時川へと下りている。川には丸木橋が設置されていたのだが流されているので、靴を脱いで徒渉しなければならなかった。雌鳥谷の道にはトリカブトやツリフネソウの花が咲いていた。流れを丸木橋で渡り尾根へと取り付くと、急な道が続いている。巡視路はしっかりと整備されているが、緑の森へと突き進む道は、深い海へと沈んで行くような心細さを感じた。

ことになるが、峠へのヘアピンカーブが続く部分は旧道があるので、旧道を使う方が近道となる。（この旧峠道は工事中のため現在通行止めになっている）。

中河内と半明の名水

中河内の己知の名水はよく知られており、汲みにくる人も多いようで、祠が祀られて、コップがぶら下げられ台が設置されている。また半明の道路脇にもホースから吹き出す水があり、汲みにくる人をよく見かける。

椿坂峠すぐ上にある大枝が折れたブナの巨樹

高度を大分上げたところで、左へと進む山腹道が分かれるが、これが針川から半明への山越えの道だろうか。ここは右の尾根への道をとりいったん山腹をトラバースしながら隣の支尾根へと移り、次の鉄塔に出たところで尾根を上がる。この鉄塔からは大黒山頂上付近とそこから北へと延びる尾根が見渡せた。支尾根を登り大黒山からの主稜線へと出ると、美しいブナ林が続くようになる。ブナには熊が登った爪痕が残されていた。

尾根が南から西へと湾曲するように続いている間はブナ林の中の道だ。それが西へと向くと笹が茂る明るい道となり、整った山容の妙理山が見えた。鉄塔を過ぎたところで二本の木が合わさったようなブナの巨樹がある。真っ直ぐに伸び上がった美人ブナである。こんな深いブナの林の中を歩いてきたせいか頂上に着いた時の気分も違った。密度の濃い満足感といえばいいのだろうか。

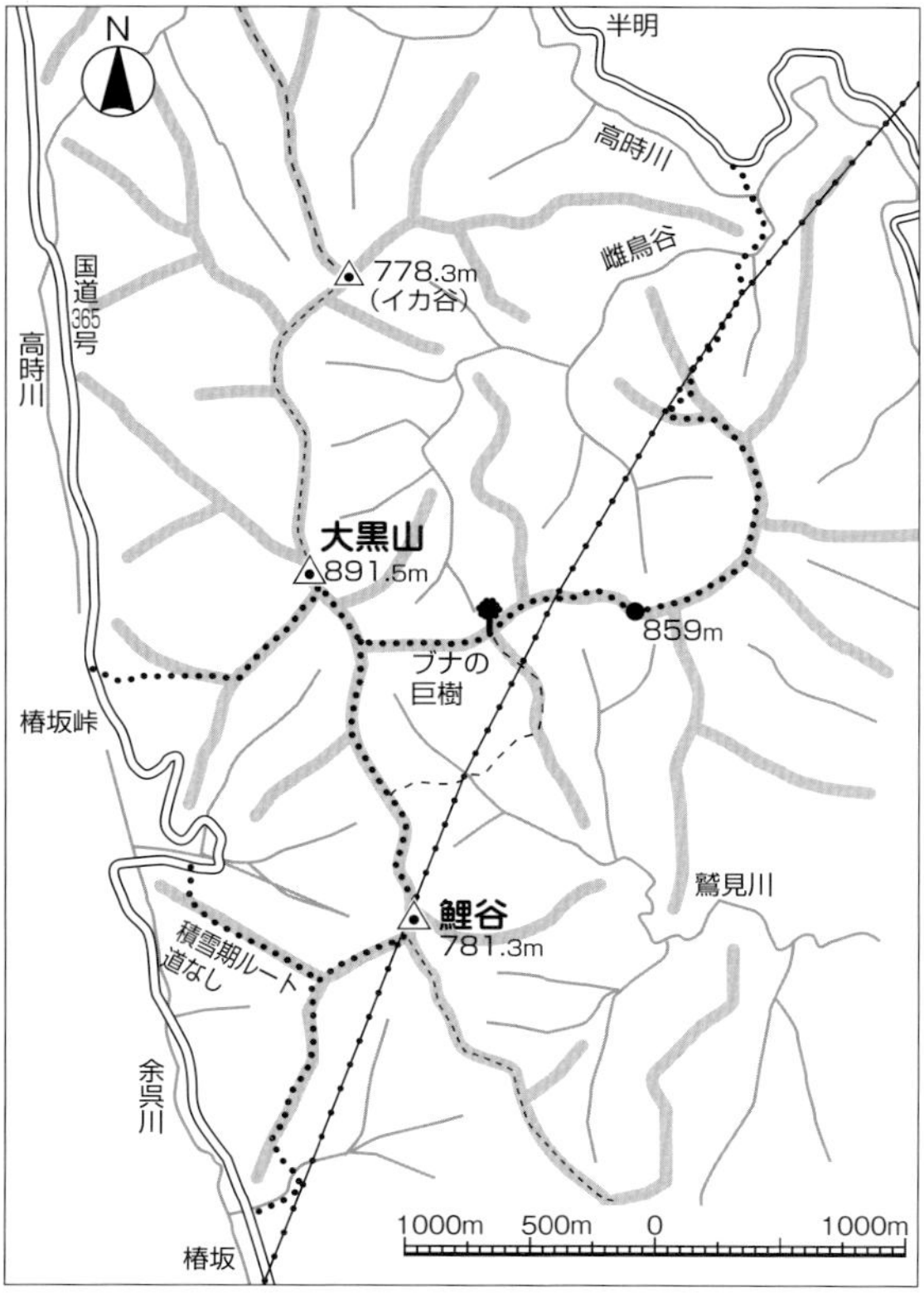

山のお堂の清々しい佇まい

墓《はか》谷《たに》山《やま》　七二七・八m

参道に立つ大杉

杉野から登る南罫寺参道のブナ林

右頁
上／墓谷山北側のコル、鳥越峠から見上げる新緑の横山岳
下／山中の静かな林の中にある南罫寺

墓谷山は「杉野富士」の別名で呼ばれ三角形の美しい姿をしている。反対の菅並《すがなみ》側から見てもすっきりとした形をしており、これまた姿が美しい七々頭《ななず》ヶ岳と高時川を挟んで向かい合っている。しかしこの山のすぐ横にある湖北の巨峰の横山岳が大きく立ち上がっているので、どうしても横山岳の付属峰のような見方をされてしまう。横山岳に登ったついでに登ってみようか的な扱いにされがちである。実を言えば私も一度登っているのだが、やっぱりついでに扱いであった。それとこの墓谷山という名前も、あまり登りたいという気分にならないものだった。こんなに秀麗な山だけど不遇の山とも思えるのである。

そこで今度は鳥越峠からではなく、麓の杉野集落から山腹にある南罫寺《なんけいじ》を経て墓谷山へと至る登山道から登ってみた。直接墓谷山へと登る登山道で、地元の杉野山の会の方々によって拓かれたコースである。そして時間があればついでに横山岳へも登ってみようかというつもり。あくまでも墓谷山メインである。

網谷からの田植え直後の水が張られた棚田の奥に見る横山岳の姿。何度見ても美しい風景だ。網谷林道に車を置いて下山に備え、杉野の集落にある登山口に向かった。山腹にある南罫寺は平安時代の初め、来遊した伝教大師が自ら像を刻み堂宇を建立して大亀山《だいきざん》南罫寺と号したと伝えられている。堂宇には本尊千手観音立像が祀《まつ》られており、三十三年に一度御開帳されているのだが、それが平成二十一年の八月だった。その三十三年に一度の日にぜひ立ち合ってみたかったのだが、都合が悪くそれができなかったのが残念。三十三年後には私はもうこの世の人ではないだろう。

南罫寺まで林道が通じているが山道の旧参道も整備されているのでこの道をとった。

二・五万図／近江川合、美濃川上、木之本、中河内

・登山コース

杉野から南野寺を経て登る道がメインコース。新しく整備された歩きやすい道である。他には鳥越峠からの稜線通しの道がある。多くの人に使われているコースで、横山岳から三高尾根を下って余力のある人は墓谷山へと往復してコエチ谷道を下って行く。菅並の小市川から鳥越峠に登るコースが新しく開かれているが、この道はそんなにしっかりとしたものではない。

鳥越峠（菅越）

金糞岳の東側の稜線を越える鳥越峠と同名の峠。鳥の通り道で鳥屋などがあってカスミ網を張って鳥を捕らえたのだろう。峠の両側の谷名が小市川とコエチ谷と似た名前である。こうしたパターンは多くの峠に見られるところで、昔はかなり人の行き来があっ

登ってすぐに御神木の大杉があり、ブナの林が続いている気持ちのいい道だった。車道だけでなく昔の参道までが整備されているのがうれしかった。杉野の人びとがこの観音堂に寄せる想いを深く感じさせる道であった。観音堂は山中のお堂にしては立派な建物だが、華美な装飾のない簡素なお堂の佇まいが清々しかった。

登山道はお堂の背後の杉林の中へと登っていた。杉の植林と自然林が混じる広く伐り開かれた歩きやすい尾根道で、急斜面の道となっても、急なところにはロープがたらされてしっかりと整備されている。林の中はほとんど花も見られなかったが、ツクバネウツギの白い花がぽつりと咲いていた。はっきりとした尾根に上がると横山岳のピークから東尾根に続く頂上稜線が見えた。そして林の中を進むと樹間から墓谷山の頂上部の端正な形も覗いていた。横山岳の前衛峰だと軽く考えていたが結構な登りだ。それも急斜面である。考えてみれば杉野の標高が二〇〇m、墓谷山が七四〇mたらずである。五〇〇メートル以上も登らなくてはならない。

登るにつれ林床には白く可憐なチゴユリの花が多くなった。緩急のある登りが長く続いたが、きつい登りのあとの頂上は大きな展望が待っていた。頂上はゆったりと広がる樹林の中だった。西側は樹林が覆っているが、東側が広く伐り開かれ横山岳から県境の山々の連なりが広がっており、その中心の金糞《かなくそ》岳がひと際大きかった。

まだ十時過ぎ、鳥越峠から下りるにしては早すぎるので、ついでに横山岳に寄ることにした。頂上で一休みして大きな眺望を楽しんでから腰を上げた。鳥越《とりごえ》峠へはゆったりとした下りであるが、標高五〇〇mまで下らなければならない。そして峠から横山岳まで標高

たと思われる。

長治庵（旅館）
横山岳や墓谷山の登山口、杉野にある創業二六〇年の宿。山菜、川魚、獣肉など地元でとれた山の幸を堪能できる、山の中の静かな茅葺き宿。

杉野からの墓谷山登山道

差六三〇メートルの登りである。杉野から墓谷山の登りよりも大きいということになるが、気分的にはあくまでも横山岳はついでだ。

鳥越峠はシャクが一面に咲き乱れ、緑と白が混じり合う気持ちのいいコルだった。さあゆっくりと登ることにしよう。望横ベンチでひと息入れ、三高尾根の明るい緑の中をゆっくりと、しかしひたすら登り続けた。頂上に着いたのは十二時過ぎ。今日の天気は下り坂の予報だったがまだ青空が続いており、琵琶湖に浮かぶ竹生《ちくぶ》島も望めた。プレハブ小屋に架かるアルミのハシゴに登ると更なる眺望が広がったが、それよりもブナの森の緑の美しさが目に染みた。

白谷道を下った。久々の白谷道、こんなに急な道だったかなと思うほどの急な下りが続いた。ヤマシャクヤクとイチリンソウ、シャク、ニリンソウと、下るにつれ次々と白い花々が顔を見せてくれたが、どれも他の山で見られないすごい群生ぶりだった。静かで落ち着いた墓谷山の最後を白谷道が華やかに締めくくってくれた。いい一日の山旅だった。

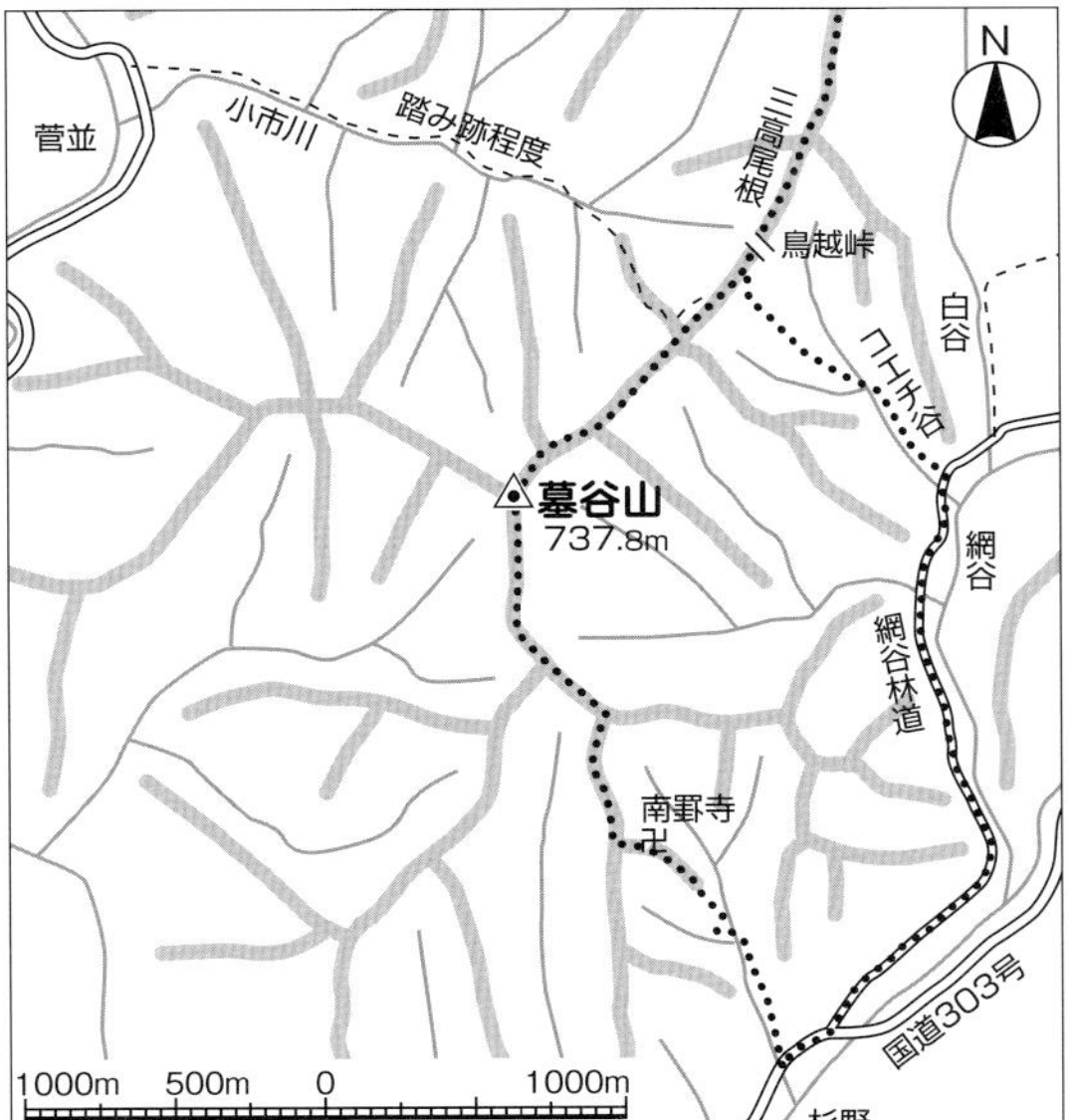

湖北の盟主の多彩な表情

横《よこ》山《やま》岳《たけ》

一一三一・七m

網谷林道からの横山岳

右頁
上右／春の白谷道の五銚子の滝　上左／夏の西尾根ケヤキ広場
下右／冬の西尾根を下る　下左／秋の三高尾根からの琵琶湖

ヒトリシズカ

ヤマシャクヤク

イチリンソウ

ヤマルリソウ

冬の湖北の平野からは白く輝く翼を広げた鷲のような横山岳を望むことができる。その姿は、美濃の国境に連なる山々から一歩近づいて、湖北の地を見守っているかのように見える。横山岳の白い山稜を眺めていると、古くから水源の山として尊崇の念を持って神を祀《まつ》ってきたこの地の人々の気持ちが、理解できるように思えてくる。

横山岳は登山者の間でもよく知られてきた山であった。私も北山や比良から、やがて湖北から美濃に続く山々へと進んだのだが、その手始めが横山岳や金糞《かなくそ》岳だった。そんな山の存在を教えてくれたのが『秘境・奥美濃の山旅』という本だった。

その中の横山岳の項では、網谷の白谷、三高尾根、金居原《かないばら》尾根がコースとして案内されている。現在では一般コースとなっている白谷と三高尾根もはっきりとした道はなく、金居原尾根は藪の覆う積雪期コースとして紹介されている。この金居原尾根が近年登山道の開かれた東尾根と呼ばれているコースであり、現在杉野側から一般的に登られているコースと重なっている。横山岳はこの三コースがあってバランスのとれた山登りを楽しめるが、今またさらに、菅並《すがなみ》から西尾根と鳥越峠に突き上げる小市川にコースが開かれ、五本のコースを持つ山となった。杉野側からだけでなく菅並からも登れるようになったことで、ますます多彩な山となった。何よりも菅並からはアプローチが短く、冬でも取り付けるようになったというのが最大の変化であろう。こうしたコースの充実で横山岳は四季それぞれに楽しめる山となった。新コースの西尾根を中心に各コースの特徴を記してみよう。

網谷・白谷コース／古くはこの白谷に横山神社があったという。経ノ滝、五銚子の滝の架かる美しい渓流と豊富な山野草など、変化を伴う谷を登る楽しいコースである。春から

二・五万図／美濃川上、中河内、近江川合

・登山コース

本文に書いた通り白谷、三高尾根、東尾根、小市川、西尾根の五コースがある。杉野側の白谷、東尾根、三高尾根の三コースはよく踏まれた登山道だが、菅並側の西尾根、小市川の二コースは踏み跡程度なので、下りにとる場合は特に注意したい。また危険な箇所はないがコースが長いので的確な判断が必要となる。杉野側の各コースは杉野山の会の方々によってよく整備されている。

横山岳は花の山として知られており、白谷が最も多く見られるコースである。東尾根コースは白谷コースほど種類は見られないが、イワウチワやシャクの群生が見事。西尾根コースはカタクリが多く見られた。

秋まで横山岳の良さを最もよく伝える最高のコースだろう。谷コースだけに遅くまで雪が残るので、入れるようになるのは五月の後半頃からだが、花もその頃が最盛期となる。

三高尾根コース／旧制第三高等学校の山岳部によって、横山岳へのルートとして登られたことから名付けられている。急な一本調子の尾根道だがびわ湖の眺望や新緑期、紅葉期の斜面の彩りは見応えがある。

東尾根コース／網谷林道奥の登山口までのアプローチの長さが難点だが、ブナ林とイワウチワの群落が美しいコースだ。登山口から東尾根までの登りが結構きついので、下山向きのコースといえる。積雪期の場合は金居原奥のアソ谷の林道からが取り付きやすい。

小市川コース／菅並の小市川から三高尾根の鳥越峠の南へと登るコースで、植林地の山仕事道に少し手を入れた程度の道。西尾根から登った場合の下山路として使われることが多い。植林地なので面白味に欠けるが、菅並から墓谷山への登山コースとしても使える。

西尾根コース／二〇〇九年の秋に余呉トレイルクラブによって菅並から切り開かれた新コース。まだ踏み跡程度なので熟達者向けコースである。大雪の直後にこの西尾根をスノーシューで挑んでいるが、頂上まで五時間たらずの時間がかかったものの、山頂に立つことができた。この新コースである西尾根を少し詳しく紹介してみよう。

菅並東バス停から白谷川へと入るところにケヤキの野神が祀られた見事な巨樹がある。白谷川沿いに進み流れを渡ると林道が横切っており、林道を右に少し歩くと斜面に縄ハシゴが設置されている。ここが西尾根の取り付きとなる。

取り付きから急な登りだが、しばらく登ると落ち着いた尾根となり、ゆったりと開けた

西尾根の素晴らしい雪稜

胡桃谷の名水

菅並の集落に入る手前の道路脇の擁壁に、胡桃谷の名水が湧きだしている。くせのないまろやかな水で、ここを通るたびにペットボトルに汲んで帰っている。

ケヤキの広場に着く。ここから再び急登となり途中の伐採地の斜面から高時川流域の山々の風景が広がるが、新雪期の場合はラッセルが厳しい。この長い急な部分を乗り切るといったん平坦になって、再び険しい登りとなるが、春はカタクリやイワウチワなどが美しく林床を彩るところだ。そして天狗の森と呼ばれる石灰岩の露頭の間を登って行くようになるが、積雪が多い時はこの付近を乗り切るまでのラッセルの深さが登頂のカギとなるだろう。やがて尾根の樹林の様相も変わってきて、ブナが並ぶ美しい林の中に入るともう山頂稜線も近い。

稜線まで登ると山頂までゆったりとした尾根が続く。高時川源流の山々の重なりと、霧氷の煌めきが、この山の高さを感じさせてくれた。そして山頂まで登ると湖北の平野からびわ湖までの展望が見事だ。厳冬期であれば誰の足跡もない無垢な頂上に足を印したよろこびがこみあげてくることだろう。

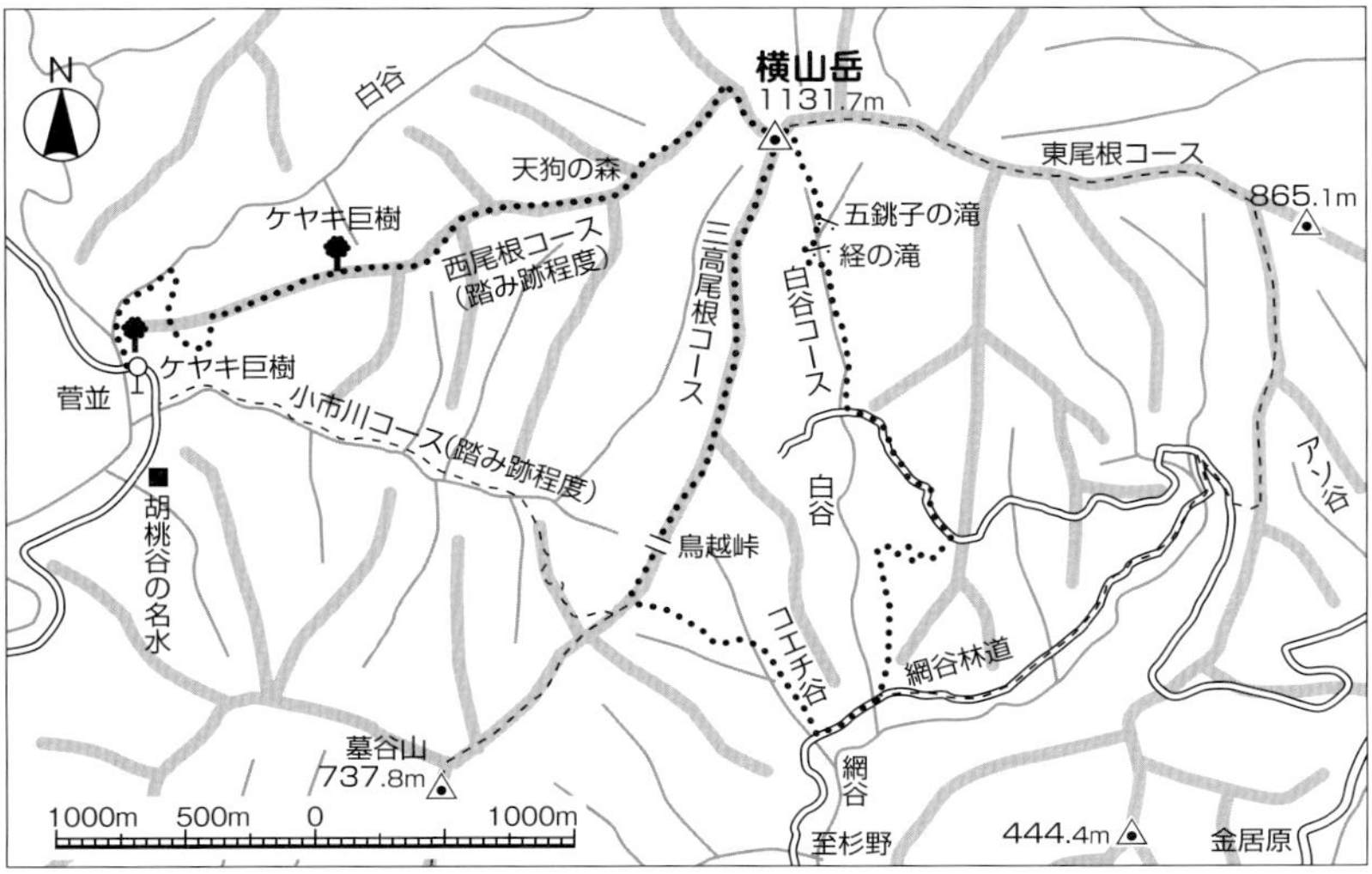

山スキーの楽しさを知る

土《つち》蔵《くら》岳《だけ》　一〇〇八m

猫《ねこ》ケ《が》洞《ほら》　一〇六五・四m

たっぷりと雪がついた猫ヶ洞の登り

右頁
上／上原谷上部の大斜面。素晴らしいスキールートだ
中／湿った新雪が積もった上原谷を滑る
下／川上からナンノ坂への尾根登る

湖北の雄、金糞《かなくそ》岳、横山岳の堂々たる姿に比して、土蔵岳は周辺の山から見ても同定し難いほど目立たない山である。しかし土蔵岳という山名は昔よりよく知られているし、登山者の間でもよく登られていた山である。麓の土倉鉱山からきた山名であるというのは想像できるが、山頂自体はピークというには極めて貧弱な山だ。何故こんな山が登山の対象になるのか謎は深まるばかりだが、結局は国土地理院の二〇万分一地勢図に山名が表示されているから、という結論しか考えられなかった。

こんな存在感のないつかみどころのない山だが、私も数回登っている。無雪期は土倉谷から谷通しに登っているが、ただただ深い緑の中を歩いたという記憶だけが残っている。積雪期は八草《はっそう》川の上原《あげはら》から上原谷左岸側の尾根を登って稜線に出て、土蔵岳、猫ヶ洞へと往復している。稜線の猫ヶ洞の下に雪庇による大きな段差が出来ていて、ブナの木を攀じ登ってやっと乗り越えたのが印象に残る、思い出深い早春の雪山だった。そしてあと一度は厳冬の頃、坂内の川上から一〇六七・六mの大ダワを経て土蔵岳へと登っている。何故こんな山へと不思議に思っている私自身も、実は三度も頂上を踏んでいる。この何故を自分に問いかけてみると分かりそうだが、明確な答えを出すことができない。強いて答えを出すとすれば、当時京都の山好きの多くの人たちが歩いた奥美濃の一峰であることと、まったく目立たず埋もれたような藪山の魅力といったものがあったのだろうか。

土蔵岳は藪山志向の者が登りたい藪山をリストアップしていくと、当然上げられる山であろう。実際に登ってみても三角点がないので、どこが頂上かも分からないような山でもうひとつ手応えが感じられなかったのだが、三度目に川上から登った時に、自分自身のこの山に対する評価が大きく変わることになったのである。

この三度目の土蔵岳というのは山スキーでの登山だった。前述したように川上から尾根通しに一〇六七・六m（大ダワ）に登って土蔵岳まで行ってから、南東側の上原谷を下っている。上原谷は八草川出合い付近に出作り小屋があり、谷には大きな木がほとんど見られない。近年まで焼畑が行われていたのだろうか。こんな上原谷をスキーで滑降したことが、土蔵岳の評価を大きく変えたのだった。

比較的雪の豊富な年で当日は曇り空、重たいながらも新雪が降り積もった斜面だった。標高の低いこの近辺の山でもベストなコンディションとは言えなかったが、近郊でこんな滑りができる山とは初めて出合った。上原谷は何ともファンタジックで、夢幻の中を彷徨っているような感覚を残してくれた谷だった。

川上の民俗資料館の裏手から取り付いた。杉林の中の急斜面を横切りながら尾根芯に出て登って行く。取り付きこそ急だが、新雪の尾根はラッセルが深いものの登りやすかった。前夜、下では雨だったが山は雪だったのだろう。この雪を踏んでいると滑降への期待感が湧いてきた。だだっ広い大ダワに登って稜線を土蔵岳へと向かう。空は雪が舞ったり晴れ間が覗いたり、軽い冬型の気圧配置になっているのだろう。気温も結構下がってきている ようだった。稜線からは上原谷がガスの切れ目に見えていたが、この時点ではこの白い斜面に飛び込むことがどんなものなのかということが、まるで実感できていなかった。

土蔵岳で昼食にしたが雪が舞い、寒くてのんびりと食べる気にならず、早く動きたくてならなかった。少し南へと稜線を下ってから大きく広がる白い斜面を見下ろすところで、

二・五万図／美濃川上

・登山コース

登山道はなく無雪期なら谷通しとなる。やはり積雪期に登る山となるが、岐阜県側からが近づきやすい。川上から大ダワを経て登るか、上原谷左岸の尾根などがルートとなる。山スキーでは上原谷が素晴らしい滑降ルートとなる。

八草峠

八草峠は二度歩いているが、稜線から岐阜県側が伐採、植林されているためか、どこが峠であったかということは分からず、探し出せないままに終わっている。登谷からの峠道は最初は分かりにくいが、支流のカイ谷の右岸側の尾根に登ってみるとやがて道型が出てくる。この道は稜線付近まで辿ることができたが、稜線直下であいまいになり、結局、峠の位置も分からなかった。峠には井伊直孝公お手植えの松があったという

が、明治四十二年に倒れ、昭和四十三年に二代目が植えられている。この松も探してみたが分からなかった。

わずかに道型が残る旧八草峠道

ナンノ坂から土蔵岳へ

上原谷へとドロップイン。柔らかな雪の中に飛び込んだが、視界がきかないので遠近感がわからず、まるで空中に浮いているかのような感覚だ。仲間のヒョーという歓声のような声が聞こえるものの、姿はぼんやりとガスの中に漂っている。斜面は小さな尾根と谷がいくつも刻まれているのだが、小さな谷の落ち込みが分からず、二度ほど雪の中に放り出された。スキー板がはずれると探し出すのが大変、板は思ったより遠いところに埋まっているのだった。

下るほどに緩やかになるが、どこまで行っても真っ白の大斜面。ずっと夢見心地の中にいるような気持ちだったが、流れが現れて大きな堰堤を前にして初めて、現実の世界に引き戻されたようだった。上にある雪のブロックに怯《おび》えながら堰堤を高巻いて下りると林道が出てきた。ほっとすると同時に夢のような時間が終わったことに気づかされた。

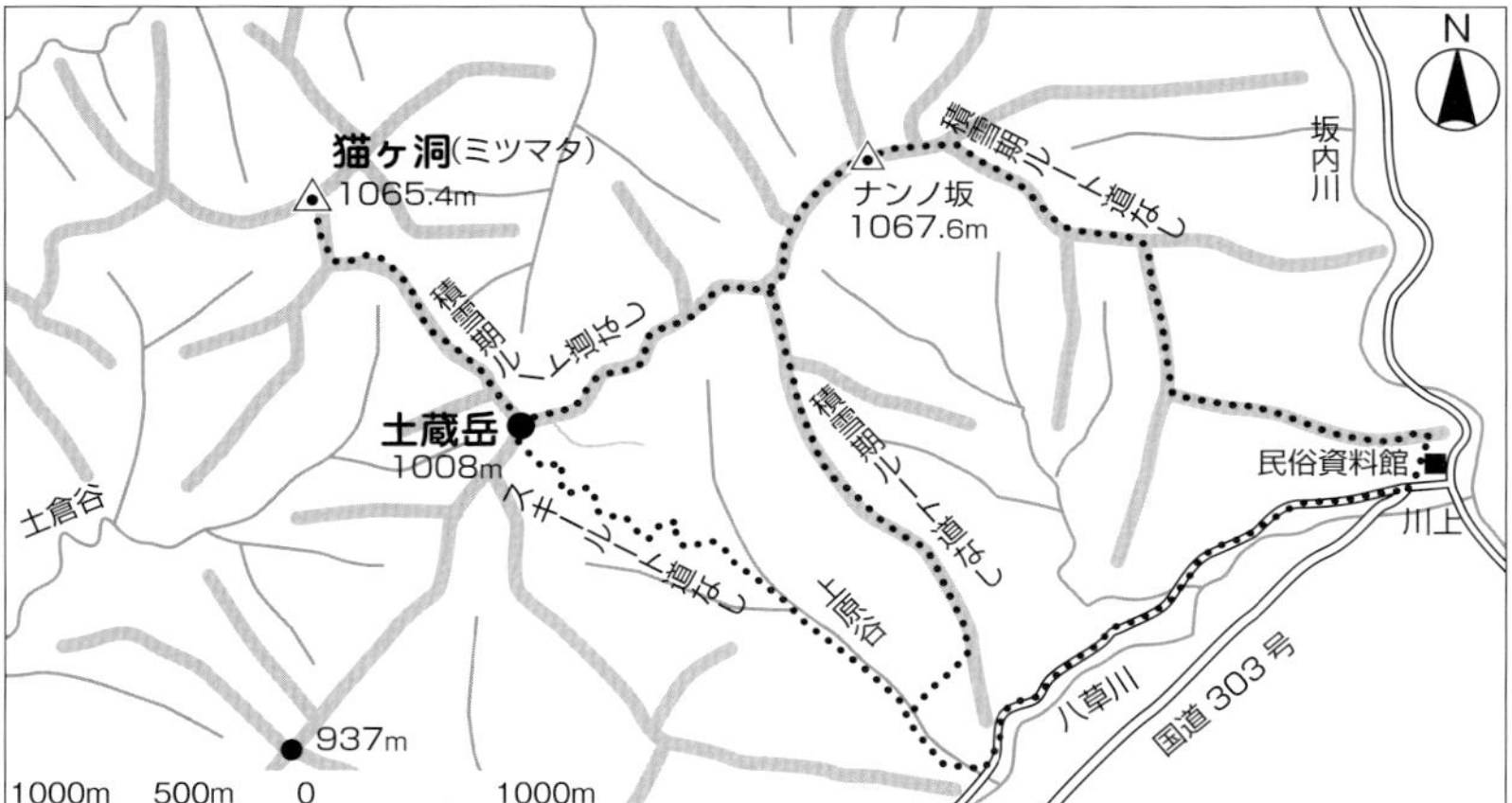

遠い日の足跡を求めて

中《なか》尾《お》嶺《みね》（神又《かんのまた》）一〇五〇・二m

中尾嶺西尾根の雪稜

右頁
上／ゆったりとした尾根を延ばす西尾根
下／中尾嶺付近の県境稜線。頂上から北峰に向かう

かなり昔、未来社から出版された宮本常一の著作集、双書・日本民衆史の『山に生きる人びと』には、山に生きてきた人びとの暮らしがどんなものだったのかということを教えられた。そしてその中の一章、「杓子・鍬柄」という一文に出会って衝撃を受けたのだった。「近江の琵琶湖の湖北の山中に奥川並《おくこうなみ》という村がある。それはひっそりした山村で、川下の村の者が、川上から椀が流れてきたので不思議に思って川をさかのぼってたずねていってみると山中に村があったという伝説を持った村であるが、その立村は古いようである。そしてこの伝説が物語るようにこの村の人は川下から川をさかのぼって山中に住みついたのではなく、山越えにやってきて住みついたもののようである。山の彼方は美濃の国であり、すなわち美濃からこえてきたものであった。そしてその初めはろくろ木地の村であった。椀の流れてきたのもそのためであっただろう。古風な宮座行事を今もつづけているから、あるいは近世以前にここへ住みついたものかもわからない。」という一文である。さらにこの文は関ヶ原の戦いに敗れた石田三成の重臣島左近もこの村に身をひそめたと伝えられ、と続いている。このことから奥川並は近世以前に村が成立したとされ、近世以降はこの奥川並は木地業をやめて炭焼に転じている、と書かれていた。いくら江戸時代以前でもそんなことがあるのだろうかと驚かされたが、四十年近く前、この川下の田戸から奥川並を訪ねてみた。深い山の中に入って行くと、そんな話もまんざらおとぎ話ではないと感じたのだった。

高時川源流にもやっと遅い春がきた。家々も朽ち果て田畑の跡だけがかろうじて分かる奥川並は、まさに現代から取り残された地であった。更に時代が移ればこの奥川並はどうなってしまうのだろうか。二・五万図にももはや奥川並の地名はない。美濃から山越えをしてきた人たちはどこを越えてこの地に住み着いたのだろうか。古図には中尾嶺の近くに中尾嶺越という峠が記されている。木地師は国の境など関係なく、良材を探し山々を漂泊したのだろう。そんな道がこの深い山々にも刻まれていたのである。

　このおとぎ話のような話に魅かれて一〇五〇・二mの中尾嶺(神又)へと登った。三月の末、車道はまだ所々で雪がかぶさっているので、車は小原に置いた。何台かの車があるが、みな釣り人の車だ。登山者は私ひとりだけ。

　奥川並への林道はほとんど雪は融けているが、木が倒れ大きな石が転がっていた。奥川並集落跡付近まで入ると道は雪におおわれるようになった。車道はさらに奥川並川が三つの谷に分かれるそのうちの二つの中津谷とリッカ谷に延びている。昔の峠道もこの二つのどちらかに沿って登っていったのだろう。そんな峠道を訪ねてみたいという思いもあったが、この雪の中ではなかなか探し出すことなど難しい。とにかく中尾嶺のピークに登ってみたかったので、この両谷の間の西尾根を登ることにした。春浅い頃安蔵山や妙理山から見た時、この尾根は真っ白に輝いて中尾嶺へと上がっていた。中尾嶺というこの山名は、中津谷とリッカ谷の中尾根にあるピークという近江側からの名称であろう。国土地理院の点標名は大岳（一）といい、神又の山名は美濃側の神又谷からとった美濃側の名称だ。

　その中尾根を中津谷とリッカ谷が合流する末端から登った。最初は藪の急登だが三十分たらずでゆったりとした尾根上に登り着くと、雪におおわれるようになった。雪は締まっていてしばらくはツボ足で歩けたが、登るにつれてもぐるようになったのでワカンをつけ

二・五万図／美濃川上

・登山コース

　登山道はなく残雪期の山となる。本文で紹介した奥川並の奥の中津谷とリッカ谷の間の尾根が一番登りやすい尾根になるだろう。中津谷とリッカ谷には林道が延びており、藪をこぐつもりならこの林道から中尾嶺や横山岳への登路となるだろう。

中尾嶺越

　中津谷の林道を詰めると舞倉の小尾という尾根があり、ここに昔の美濃への峠越えの道があったと言われている。『江美・水送山迎』(関西電力株式会社発行)によれば、坂内村広瀬北村から大谷川西又谷を遡りホハレ峠を経てトガスから池ノ又に下り、さらに中ツ又谷を遡り国境を越えて中津谷を下って余呉村奥川並に至る壮大なルートは、大正の中頃まで焼畑出作りの人がよく利用したという、と書か

れている。この国境を越えて中津谷を下るところが舞倉の小尾とよばれる尾根ルートであろう。このことから奥川並や尾羽梨は坂内村の広瀬と藤橋村の横山から移住して開かれたという伝承があり、この道は別名木地屋道と言ったという。ちなみに中尾嶺の美濃側の名称の神又（カンノマタ）は美濃側の神又谷からきているが、カンノは焼畑地のことで、広く焼畑が行われていたことを示している。

奥川並の集落跡

た。ひさしぶりのワカンで歩いていると餌をあさるイノシシが横切った。昔は焼き畑や炭焼きがこの一帯で行われていたのだろうが、それ以後この尾根から両谷にかけてはほぼ伐採、植林されたようで、大きなブナはたまに見かける程度だった。見回した尾根や谷にも大きな木はなかったが、それだけに眺望も開けており、南側は横山岳が大きく広がっていた。一方の北側は足ノ又の谷の向こうに安蔵山から谷山、左千方《させんぽう》の長い稜線が横たわっていた。左千方のキリッとした姿がカッコよく、その稜線の背後に上谷山の白いピークが覗いていた。尾根は広く緩やかで問題になるところもなく快調だったが、小雨が降り出して休憩もほとんどとらずに山頂へと急いだ。

小雨の中、念願の頂上に立ててうれしかった。稜線の美濃側は自然林が広がっている。山頂は二つのピークが並んでおり三角点は登り着いた南のピークにある。しかし北側のもう一峰のピークが少し高いので北峰にも登った。

尾根を下りて奥川並まで戻ると釣り人に出会った。よくこの川には来ているという。釣果を聞くと十匹ほどと笑顔が返ってきた。

安《あん》蔵《ぞう》山《やま》 九〇〇・一m

ブナの森でクマに遭う

安蔵山から谷山の雪稜。前には上谷山が大きい

右頁
上／安蔵山から見事なブナ林の中を進む
下／安蔵山のブナ林で一番大きいと思われるブナ

高時川上流にあり廃村となった小原《おはら》、田戸《たど》、鷲見《わしみ》、尾羽梨《おばなし》、針川の両側に屹立している大黒山、妙理山、安蔵山の三つの山を、昔から勝手に高時三山と呼んでいる。同じようなスケール、同じような奥山の雰囲気を持つ静かな山が好きだった。

中でも安蔵山は高時川の左岸側すなわち奥側にあり、県境の山々と尾根で直接繋がっているので、ひときわ奥深さを感じる。事実、大黒山、妙理山の両山麓には集落があり、どんな雪の時でも取り付くことができるのだが、安蔵山は直下にいくつかあった集落のいずれもが廃村となってしまっていて、冬には簡単に近づくこともできない山である。

無住の地となった高時川の上に聳える安蔵山は、かすかな踏み跡を残す静かな山で、訪れる登山者も少ない。三十年以上昔にこの山に登った時は、もうすでに朽ちて倒れたお堂の残骸が積まれていたことを思い出すが、今はもうお堂の前にあった数本の杉が、その名残をとどめるだけとなっている。さらにその昔、この川沿いに人が住んでいた頃には、山頂に祀《まつ》るお堂には人びとがお参りし、しっかりと踏まれた道が集落から山頂まで続いていたことであろう。今感じるような奥深い山ではなく、里の山といった感覚が人びとの中にあったと思われる。もちろんさらに奥の県境の山々にしても、麓の人びとにとっては私たちが感じているよりもっと身近な存在であったのであろう。

初めてこの山に登ったのは、北側の尾羽梨ダムの奥、安蔵山の北斜面に登っている林道からだった。当時からこの川沿いの集落はすべて廃村となっていたので、地図を見て一番近づきやすそうなこの林道を選んだのであろう。林道から尾根に取り付いて頂上から東の稜線上に出て往復したと記憶している。山の様子はほとんど憶えていないが、クマに出

・登山コース

二・五万図／中河内

頂上から南に向かって延びる尾根に踏み跡があるが、登山道といえるほどのものではない。取り付きは奥川並川に沿った林道にパイプで組んだ足場の階段が四箇所あるが、その一番奥の階段は奥川並川がU字形に回り込んだ向こう側にあり、しっかりした道はないがここから登ると尾根先端の四六七mピークの北のコルに出る。少し林道を歩かなければいけないが安全なコースだ。積雪期は菅並から歩けないこともないが、小原あたりまで車が入れるようになってからとなる。

クマと出遭う

クマとは過去五回ほど出遭う機会があったが、遠くでの遭遇では向こうが気づいてくれれば危険はないものと思っている。しかし一度だけだが、遭ったことだけは深く脳裏に刻み込まれており、三十年を経た今も、未だに鮮明に記憶している。私にとってはそれほどの強烈な出来事であったのであろう。

これ以降安蔵山へと訪れることはなかったが、先年、久しぶりに田戸から登ってみた。踏み跡程度のものがあると聞いたからである。取り付きは奥川並への車道の途中からで、頂上から南へと延びた尾根の末端付近である。ダム建設の調査によるものか、アルミの足場が組まれて階段が設けられていた。それももう傾いて壊れかけていたがその階段を登り、急な岩まじりの急斜面に藪を分けると、かすかに踏み跡のある尾根上に出た。あとはもう坦々とした急な尾根を登るだけ、意外にあっけなく頂上まで登ることができた。昔登った尾羽梨からの奥深い山といった感じではなく、やはり何十年たっていてもこの田戸へと延びる尾根は、人が通った里山といってもいいような感覚だった。

最近続けて雪の大黒山、妙理山を登ったので、雪の安蔵山も歩きたくなり、菅並《すがなみ》から奥へと車が入れる頃を見計らって安蔵山を目指した。

もう三月も下旬、さすがに山もかなり雪解けが進み、標高六〇〇m台くらいまで雪を踏むことがなく、雪解けの早さには驚かされた。途中からスノーシューを着けたのだが、ツボ足でもほとんどもぐることはなかった。もうスノーシューでの登り納めの季節となったのだ。そんな感覚を惜しむように雪に歩を印しながら登った。

さすがに山頂付近はまだまだ雪も多い。雪の山頂に登って初めて気づいたのだが、大きなブナはほとんどないと思っていたのに、こうしてすべてが雪に埋まるこの季節に来てみると、ここは素晴らしいブナの山であった。

安蔵山周辺は大きなブナばかり

至近距離で突然出遭ったことがあり、この時には危険を感じた。湖北の山での出遭いはここに書いた安蔵山と須又川支流の落谷と江美国境の八草峠付近であったが、八草峠付近では同じ日に違うクマと二度も出遭っている。他の二度は朽木の山だった。シカ、カモシカ、イノシシなど、動物との出会いはよくあるが、やはりクマとの突然の出遭いは避けたいもので、一人歩きが多いこのごろは、以前持たなかった鈴をつけたり、大声を出したりしている。

少し時間があったので東へと稜線を歩いた。山頂から急な下りが二度あるが、スノーシューで下るとザラメの上に乗った新雪が滑ってしまう。これがスノーシューの最大の弱点であろう。木につかまりながら何とかこれをこなして下ると広く緩やかな尾根となり、ブナの巨樹が続くブナの王国が広がった。高時川一帯は戦後の一時期、どんどん伐採されたのだが、かろうじて残されたところがあってこんな森と出会える。大きなブナに出会うたびに寄り道しては太い幹を撫でたり、広がった梢を見上げた。一緒に歩く人たちの表情を見ていても分かる。そう実に穏やかな気持ちになるのである。

谷山を前に見る標高八〇〇m地点から下りが始まるあたりで引き返した。谷山までは最初から無理だと思っていたので、もうこれで満足。ブナの巨樹との出会いは山を歩く幸福感いっぱいにしてくれた。

そしてこの一週間後には奥川並から谷山に登り、左《さ》千方《せんぼう》まで往復してからさらにこの安蔵山まで歩くという、春の山のたび重なる悦びを得たのだった。

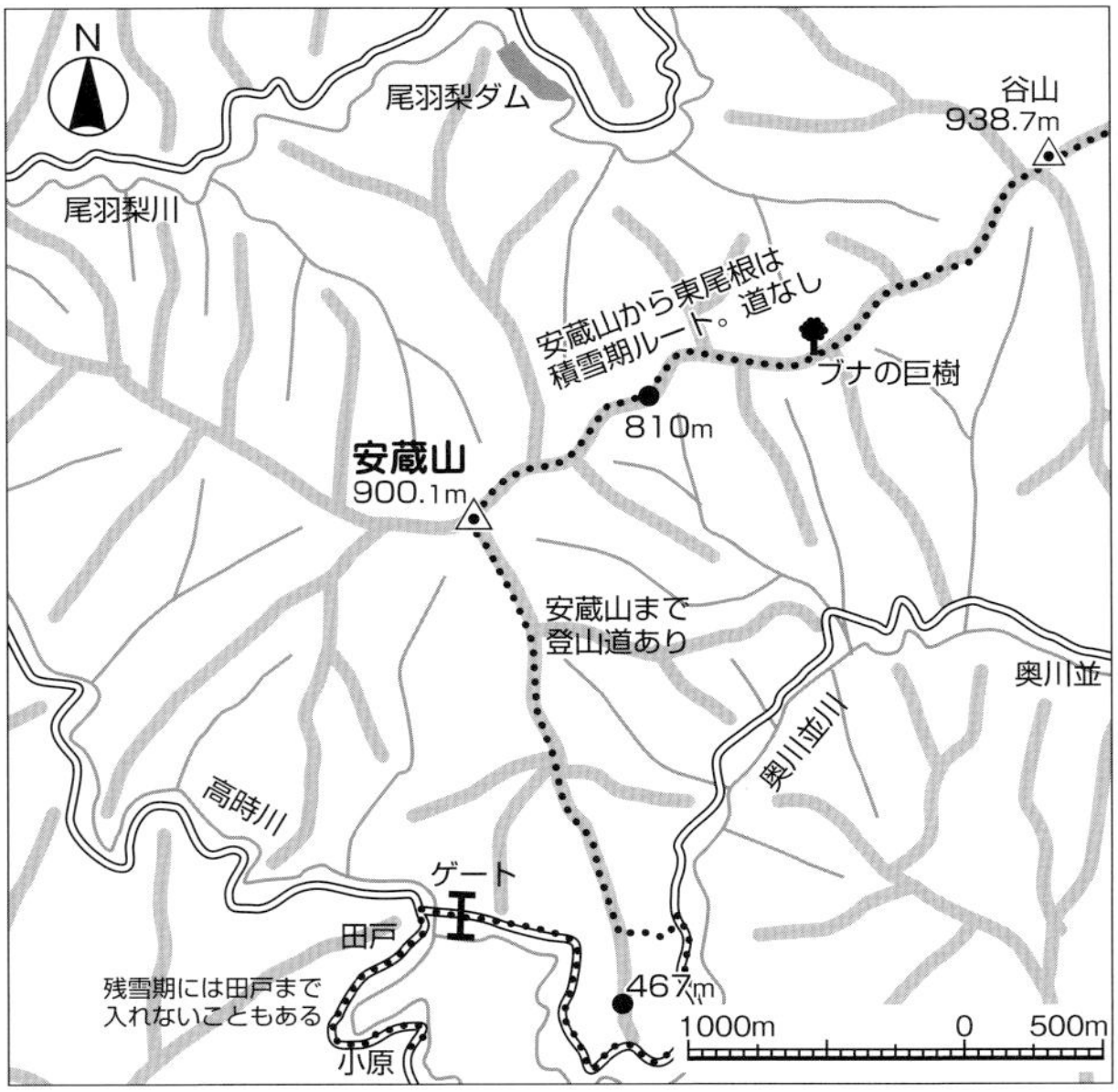

奥深い山を攻略できた最高の一日

谷《たに》山《やま》　九三八・七m

左《さ》千《せん》方《ぼう》　一一九六・八m

伐採された時のワイヤー。何年前のだろうか

奥川並から昔の道が残っている

右頁
上／登ってきた左千方を振り返える。カッコイイ山だった

下／左千方からガスに煙る尾根を谷山へと下る

左千方は湖北の山々では最も奥深い地にある。左千方はサセンボウと読み、近江側の奥川並の地名であり、美濃側では鳥首《とりくび》の岳と呼んでいたという。

この山はどこからルートをとれば登れるのかずっと考えていた。夜叉《やしゃ》ヶ池から三国《みくに》岳へは今では細々とした道があるので、三国岳から藪を分ければ登れるだろうが、滋賀県側から登ってみたかった。滋賀県側から日帰りでとなれば左千方は遠い山である。この山はもちろん、周辺の山にも登山道というものはないので、残雪を利して近づくのが一番いい方法だ。ということになると滋賀県側からでは安蔵山、谷山、左千方へと続く尾根が最も近づきやすい。二・五万図を見ると尾根が長くて日帰りではかなり厳しそうだが、奥川並から尾根の中間にある谷山へと延びる尾根に注目した。

それにはまずアプローチとなる高時川沿いの菅並《すがなみ》から奥へと車が入れるようにならないと、まったく近づくことができないのである。山深く切れ込んだ高時川沿いの道は無住地帯となってしまったので除雪もされず、春遅くまで所々で雪が溜まったり、木が倒れ込んだり、大きな石が転がっていたりする。

三月の後半、高時川左岸側では入り口にあたる安蔵山へと登った。この時は小原《おはら》止まりだったが、ここまで入れれば奥川並まで一時間余りで歩ける。そうすれば往復三時間、日帰り登山で使える時間は朝八時頃から五時頃までとして、残り六時間。充分すぎるほどだ。

安蔵山に続いて奥川並まで歩いて中尾嶺《なかおみね》へと登った。奥川並までの時間も予想通りで、中尾嶺まで雪の状態も良く時間的にも余裕を持って往復できた。登った尾根から谷を挟んで向かい側に、谷山から左千方への尾根もよく見えたが、アップダウンがほとんどないブ

二・五万図／美濃川上、中河内

・登山コース

両山とも登山道はなく無雪期では藪こぎとなるので残雪期が適期となる。

谷山は奥川並からの尾根が一番近づきやすく、昔は道があったようで下部にはまだその道型が残されている。左千方もどこからも道はないが、夜叉ヶ池から三国岳までは踏み跡が続いているので、三国岳から藪こぎで往復することもできる。二時間の往復だったが、笹と潅木の藪は手強かった。夜叉ヶ池から三国岳間も踏み跡はあるものの、道はそんなに良くないので、日帰りでは結構ハードなコースである。

谷山から左千方間の尾根にはもちろん道はないが、残雪期なら左千方へと登る最も近いルートとなるだろう。

ナ林の尾根でまだ雪も残っている。これなら左千方も何とかなると確信した。

中尾嶺に登ってから三日後、もう四月に入って陽射しも強くなり、雪解けのテンポは想像以上に早かった。車は田戸《たど》まで入り奥川並までは一時間ほどで歩けた。谷山へと延びる尾根の末端は杉林に包まれた八幡神社跡で、背後の急斜面の林の中には道が登っていた。昔はよく歩かれていたのだろう。木が被るところもありそんなに歩きやすい道ではないが、藪こぎというほどのものではない。登って行くと美しいブナ林が広がり、やがて平坦な尾根の上に出た。尾根の東側の足ノ又谷側斜面はほとんど伐採されていて、大きな見晴らしが開けた。谷山のピークまでは稜線手前までゆるやかな登りで、最後に一気に登って頂上に出る。期待していた雪は思ったより少なく、半分くらいは藪が出ているがそんなに藪もひどくなく、快調にピッチは上がった。奥川並から二時間たらずで谷山に登れた。朝早く家を出たのでまだ九時三〇分、これなら行けると思ったが左千方はまだ遠く小さい。気を引き締めてここからワカンを着けた。ザラメ雪になるとスノーシューは急な下りを苦手にしている。背負う場合でもワカンは軽くて小さく扱いやすいので、春山ではワカンだ。

稜線は左千方直下までほぼ平坦といってよく、しかもまだほとんど雪に覆われている。広々とした尾根は伐採されているようだが、大きなブナもところどころに残っていた。ここまで計画通りにキチッとはまり最高の登山であった。ところが予報では晴れという天気が思ったよりも良くない。谷山頂上あたりからは雪までちらつき始め風も強くなってきた。弱い冬型なのだろうが、県境稜線には次第にガスが覆うようになってきている。

地図に九五九mの標高点が記入されているあたりから最後の急登にかかる。気温も比較

スノーシューとワカン

ここ数年前からスノーシューを使うようになった。新雪での威力はワカンの比ではなく、優れた道具であることを実感している。雪山へと一人で登ることが多く、新雪期のラッセルには苦労させられるが、スノーシューにはスキーと似た感覚があり、歩くだけでも楽しいというのがワカンとは大きく違うところだ。山スキーもするが雪に恵まれればまさにスキーは魔法の道具となる。しかし藪山となれば本当の無用の長物である。その点スノーシューは万能性があり小回りが効いて使いやすい。ところが春になって雪がざらめになると、ワカンのように雪面に踏み込むことが出来ないので、少し急な斜面になると雪に乗って滑ってしまい、とても道具として使えないものとなる。今のところ、雪によってスノーシューとワカンを使い分けるしかないようだ。

的低くて雪が締まっているので、傾斜が急になるとワカンの爪を斜面に対して斜めに入れてジグザグに登らなければ滑るようになってきた。アイゼンがあれば楽だろうが使う程でもない。それよりもできるだけ軽くして行動力アップが優先だ。この付近はもう低木ばかりで林床は笹に埋まっている。しかしまだ笹はべったりと倒されて雪の下だ。

谷山から一時間三十分で左千方に着いた。刈り払われてねじれた木にテープが巻かれているところがあった。ここが三角点だろう。展望がきけば最高の頂上となるが、ガスって何も見えず風も強い。ひょっとしたら天気が良くなって、視界がきくようになるかもしれないとしばらく粘ってみたが諦めた。

下りは早い。谷山に戻った頃風も弱まり昼にした。もうすぐ青空が広がってくることだろう。まだ時間も早いので安蔵山まで歩くことにした。

歩き始めると予想通り青空が広がり始めた。雪はさらに少なくなり藪の中をワカンで強引に突破。振り返ると左千方、中尾嶺、上谷山、横山岳の白い山並みが美しい。安蔵山へと足を伸ばし長大な尾根を縦走できた最高の一日だった。

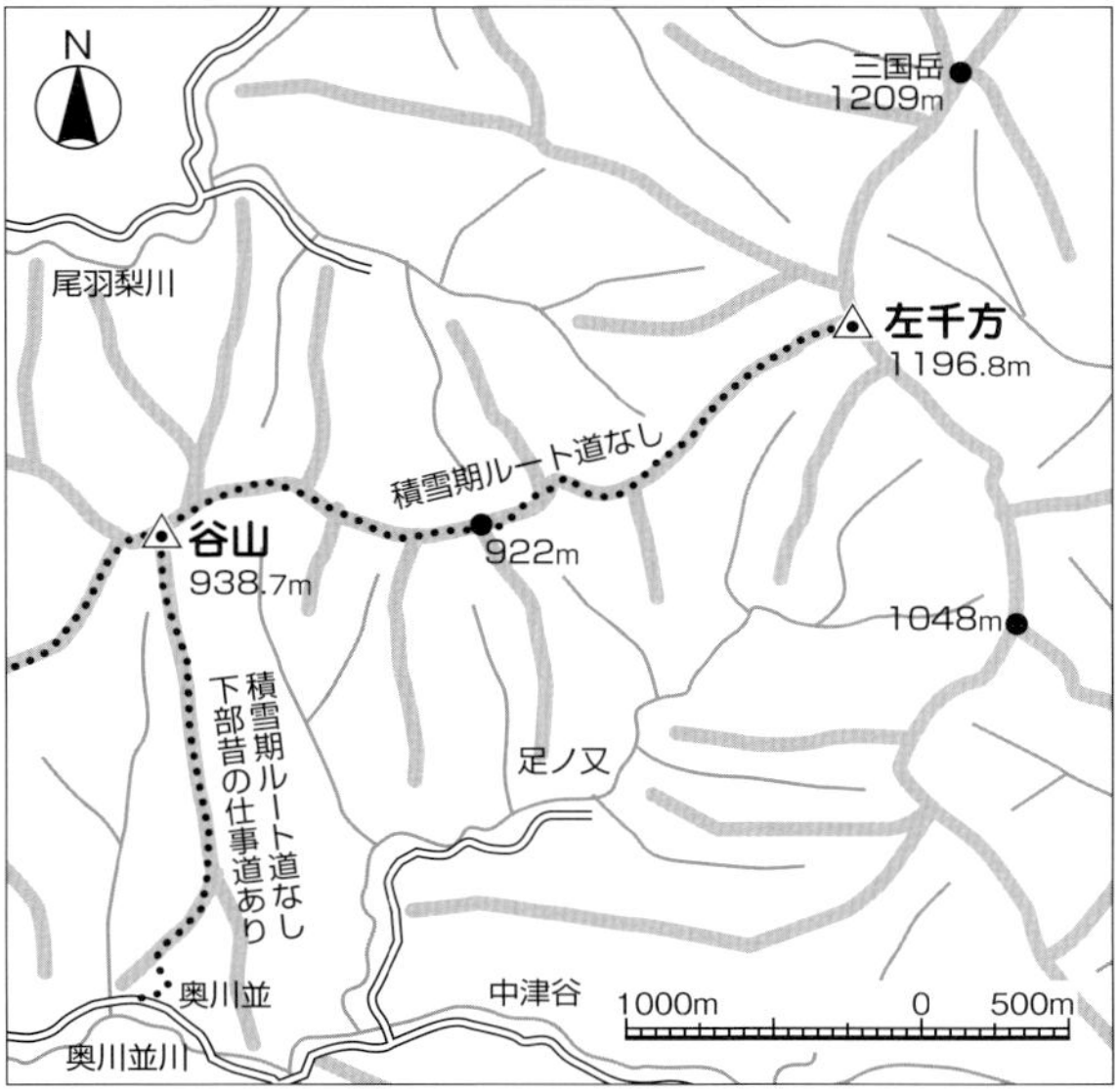

静かな山を歩く悦び

上《かみ》谷《たに》山《やま》　一一九六・七m　一〇四一m峰《ほう》

福井県今庄側の続く尾根を宇津尾へと滑る

右頁
上／南西尾根1041m峰の先にある大岩の上に立つと上谷山が目の前に見える

下右／滋賀県最大と言われている南西尾根のブナの巨樹

下左／上谷山南西尾根のブナ。この尾根は下部はブナ林が続くが、上部はササと灌木帯

上谷山は一般的にはあまりなじみがない山だが、伊吹山、金糞岳《かなくそ》、横山岳などと並ぶ湖北を代表する山であろう。私の好きな山である。そんなに知られていないのは他の三つの山と違って登山道がなく、しかも登る適期となる雪の季節においても、滋賀県側からは近付きにくい遠い山だからだが、私にはそんな姿が一番の魅力として映っている。

上谷山は何度も登っているが、やはりその多くは宇津尾《うつお》や橋立《はしだて》、広野といった今庄《いまじょう》側からによるもので、ワカンで登ることもあったが、ほとんどが山スキーによるものだった。日野川へと延びる北側の尾根は雪も比較的豊富で、関西からは最も近い山スキーのフィールドである。手倉《てぐら》山の尾根や宇津尾からの送電線鉄塔のある尾根などから何度も登り、随分と楽しませてもらった。しかし、不思議なことに上谷山がどんな形で、頂上付近の地形がどんなだったかなどというのは、何故かほとんど憶えていない。何故だろうかと思い返してみると、山スキーでのラッセルや滑りに夢中で、結局は山を楽しむ余裕のある登山が出来ていなかったのではないだろうか。厳しい天候に泣かされたり、下手糞なスキーを棚に上げて悪い雪質を嘆いてみたりと、頂上までは登れたもののそれで精一杯だったのだろう。それだけの山だったからこそ魅力を感じる山として何度も登る山となったのである。

この春も宇津尾からの鉄塔尾根をスキーで登った。天気が悪く雨をやむのを待って登り始めたが、もう頂上は無理かもと思っていた。積雪は多かったが雪解けも早く、谷をひしめき流れる水量は恐ろしいほどだった。林道から尾根へと登ると、あとは雪の街道を一直線。雨は上がったものの稜線はガスの中。風をさけて昼食をとってから頂上に向かった。まったく何も見えない。何とか高みに着いてGPSで確認して頂上だと分かった。もう二時を過ぎていたが、頂上に登れたこととスキーを脱がず下れたことに感謝するだけだった。

この宇津尾からの鉄塔は滋賀県に入って、針川集落跡から高時川を越えて大黒山へと続いている。県境稜線は藪なので、滋賀県側から上谷山へはこの針川からの鉄塔尾根と、針川から尾根通しに一〇四一mを経て上谷山へと直接登る尾根が、最も近づきやすいルートとなるのだが、この両尾根もそう簡単にいくものではない。取り付きの針川までの車道に雪が遅くまで残って、なかなか針川まで車で入ることができないのである。車道の雪が融けて尾根に残雪があるというタイミングを選ばなければならない。

十年ほど前の四月中旬に、針川からの送電線尾根を使って上谷山に登っている。この時も針川まで入れず途中に車を置いて針川まで歩いた。針川を遡り左俣に入ってから巡視路の急登を尾根に登ったところで一面の雪となり、あとはまったく藪をこぐことなく上谷山へと登れた。快晴の下での素晴らしい登山だった。実はこの時、上谷山頂上から南西に一〇四一mから針川へと延びる尾根を下りたかったのだが、最後に尾根の下り方を間違うと流れを徒渉しなければならないので、一人での山の自信なさから躊躇したのだった。

それからずっとこの一〇四一mピークが気になっていた。藪尾根で残雪期も針川まで入ることが難しいので諦めていたのだが、最近尾根に伐り開きがあることを聞いた。雪が融け針川まで車が入れるのを待って待望の一〇四一mピーク登ることができた。このピークを意識してから十年以上の年月が経っただろうか。

針川から尾根には道が続いていた。テレビの共同受信アンテナ用の道だ。針川に家がある時に立てられたものだ。こんな道があるのが分かっていたら登っていたのにと思うが、

二・五万図／板取、広野、中河内、美濃川上

・登山コース

上谷山のある県境稜線には道がないので、どこから登っても藪こぎとなる。やはり残雪期しかなかなか近づくことはできない山であろう。残雪期では、針川から九八八・一mを経て上谷山へと至る送電線のある尾根が一番近づきやすい。山スキーのルートとしては広野からの手倉山の尾根がよく登られている。

湖北の山のブナ

湖北の高時川流域は雪が深く、関西でも屈指の奥深い山だが、そのほとんどは伐採されてしまっている。現在あるブナ林は伐採後の二次林か僅かに伐り残されたものだろう。だからブナ、トチ、ミズナラなどの山地を形成するはずの極相林の大樹といえるものはほとんどない。残されたブナの巨樹といえば、その最

安蔵山から見る早春の上谷山

大樹はここに書いた一〇四一mのブナになるだろうか。他には安蔵山から谷山に至る尾根にいくつか大樹があるし、大黒山の東尾根や音波山山頂付近、七々頭ヶ岳や椿坂から分水嶺尾根へと登る巡視路などでブナの巨樹が見られる。

これだけ待たされてこそ登れる悦びも大きく膨らんだのかも知れない。アンテナから上も歩きやすいようにある程度伐り開かれているのだが、藪こぎではないといった程度だった。

ここには県最大と言われているブナの巨樹がある。ずっとブナ林ではないが、こんな立派なブナと出会えただけでも嬉しかった。一〇四一mピークに近づくともう道はほとんど分からない。笹と曲がりくねったリョウブを分けて行くと大岩があった。この上に立つと県境の山々が広がった。目の前の上谷山から三国岳、左千方、横山岳、金糞岳。素晴らしい眺望だった。上谷山まで藪が深そうだ。この展望だけで満足、もう引き返そう。

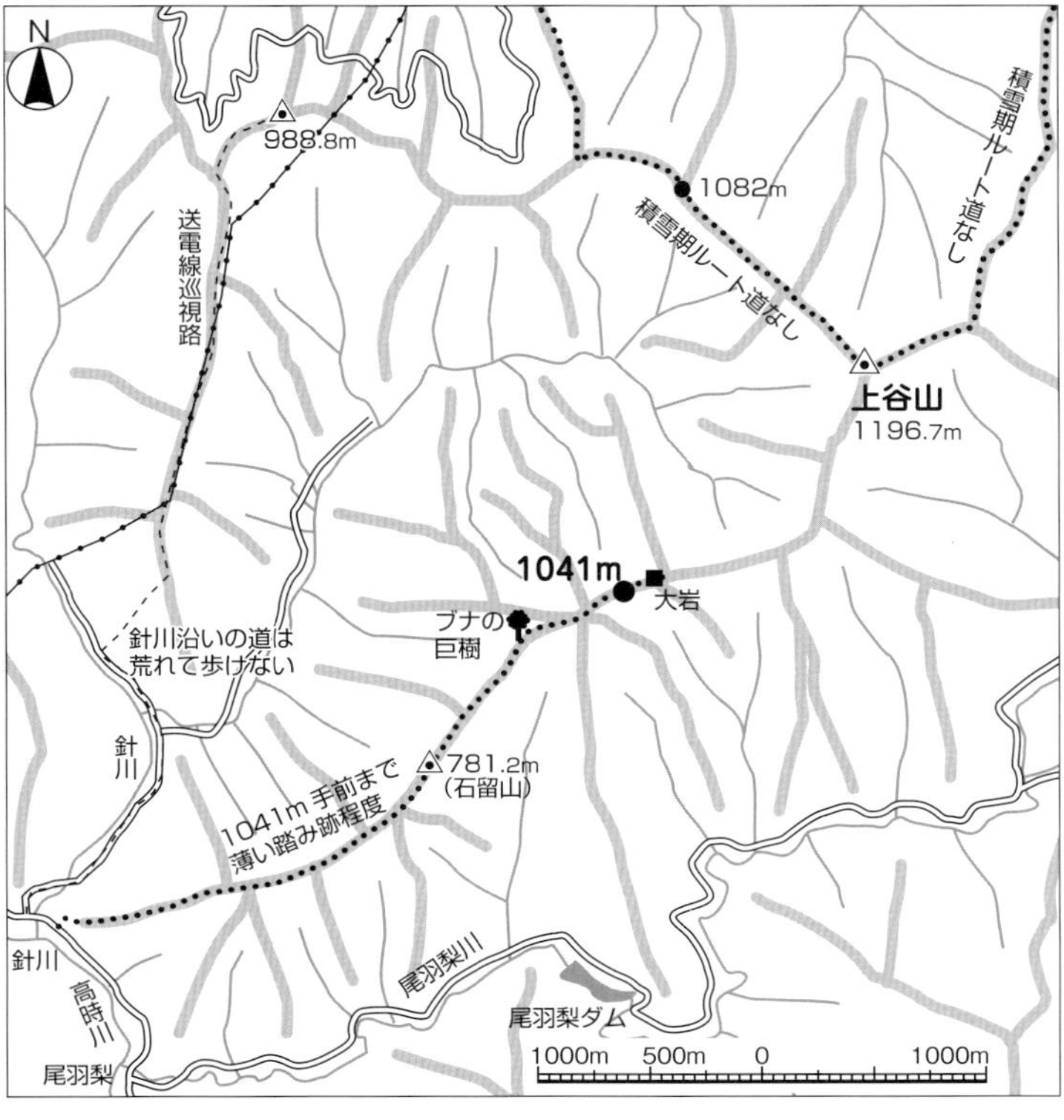

夢幻の森の山歩き

音《おと》波《なみ》山《やま》 八七二・六m

九七一m峰《ほう》

音波山から東の県境稜線もブナ林が続く

右頁
上右／音波山頂上から大音波谷を眺める
上左／稜線にヌタ場が多いのも余呉の山々の特徴だ
下／971m峰付近のガスの中のブナの森

ずっと昔、福井県側の今庄《いまじょう》の八飯《やい》から山スキーで音波山に登ったことがあった。雪が少なくて酷い藪スキーだったことを思い出す。思い返してみると昔は藪にも屈せずよくスキーで登ったものだ。今ならとても考えられないことをしていたものだと思う。

若かったこともあるが山スキー用具が今とはまったく違っていることが大きい。当時は革の登山靴にワイヤーのジルブレッタのビンディング、現在のプラスチックブーツやビンディングと比べるとよくこれで滑っていたなあと思うが、その軽さは現代の用具とは比べ物にならない。この時の音波山スキー行も今ならさっさと引き返していたことだろう。

年齢を重ねてきて最近の山スキー用具の重さはかなり負担になってきているが、今も続けられているのはこの装備による力が大きい。ガチッと固められたプラスチックブーツは大いに滑りを楽しくさせてくれた。登りを思うと革の登山靴にワイヤーのビンディングが懐かしいが、それでももう絶対に昔の用具に戻りたいという気にならないのも事実である。

栃ノ木峠以東の江越《ごうえつ》国境は雪が豊富な素晴らしい稜線が続き、音波山から上谷山、三国岳まで小さなピークが連なっている。今庄側の広野、橋立、宇津尾、八飯などへ稜線から何本もの尾根が延び、昔からの山スキーの魅力ある山域である。音波山へはそれっきり山スキーでは行っていないが、無雪期に栃ノ木峠から登っている。峠からは送電線の巡視路が頂上の手前を横断しているので、最近では登る人も多く簡単に登れるようになった。最後の鉄塔から山頂までは以前は藪だったが、道も拓かれて随分歩きやすくなっている。また峠には二つのスキー場があるので、音波山は冬でも手軽に登れる山となった。

稜線はブナ林の美しい尾根が続いている。福井県側はすぐ下に集落があるが、滋賀県側は高時川源流域の山また山が重なる奥深い地である。積雪期はおろか無雪期でも日帰りでは近づきにくい山域だけに、栃ノ木峠から歩く県境稜線の山歩きは魅力のあるものとなるが、音波山からさらに東へと踏み込めばなお一層充実感がこみ上げてくる。深く切れ込む谷に幾重にも重なり連なる山々。見渡す眺めの中に人の住まいが見られない。高時川源流域の最大の魅力である。

　栃ノ木峠からは九七一mピークあたりまでが日帰りの往復圏となるだろうか。この九七一mピーク付近は尾根が入り組んで複雑な地形をしており、大きなブナも多く奥深さを感じさせてくれるところである。雪のない時に栃ノ木峠から九七一mピーク手前の九〇二mあたりまで歩いている。いいところだった。雪の時にも登ってみたいところだ。

　この九七一mピークを独立した頂上と見るのならば、やはり峠から稜線を辿るのではなく下から登ってみたかった。九七一mからは南に今では廃村となった半明《はんみょう》付近に長い尾根が延びているので、冬でもこの尾根から登ることができる。下部はかなりの急斜面だが八一七mピークまで登るとあとはゆったりとした尾根。最初の登りが勝負だろう。

　小雨が降るなか、中河内《なかのかわち》から五十分ほど雪の林道を歩いてやっと取り付き点に着いた。大音波谷から少し進んだところの斜面だがどこも急な斜面だった。今年は雪が多い年なのに斜面はもう地肌が出ていた。登りやすそうなところから取り付いたが、最初はとにかく我慢の登りだ。途中から何とか雪が覆うようになったものの、八一七mに着くと汗と雨で上着までびっしょり、小雨もやんだのでヤッケを脱ぐとすっきりした。

　尾根は何箇所かで方向転換するので注意して登って行く。やせたところではやはり藪

二・五万図／板取、中河内

・登山コース

音波山／栃ノ木峠から県境尾根通しに道がある。以前は送電線巡視路から先が藪だったが、近年整備されて随分歩きやすくなった。音波山山頂から九七一mまでの稜線も少しは伐り開かれているが踏み跡程度。読図力が要求される。

九七一m／九七一mピークの北西から南へ半明へと延びている尾根は伐り開きというほどのものではなく、かすかな踏み跡があるだけなので積雪期向きだ。冬は中河内からの道路は除雪されないので、取り付きの半明まで一時間ほど歩かなければならない。最近この道路は半明にゲートが出来て入れない。

栃ノ木峠とトチの木

　戦国期までは近江から越前への道は愛発越から敦賀に出て木の芽峠を越える西近江路

がメインとなる街道であったが、越前北の庄に封じられた柴田勝家が、この北国街道の栃ノ木峠道を安土、京への近道として道幅三間という大道に改修したという。現在は国道三六五号線となって峠を越えており、峠にはその名前の通りの樹齢五百年というトチの巨樹がある。このトチは今も樹勢が旺盛で生命力に溢れ、福井県側の谷間には大きなトチの木が並んでいる。樹齢五百年というと勝家が通った時には樹齢百年足らずであるが、もうかなりの大木になっていたのだろうか。

音波山東のコルにある大きなブナ

が出ていたが、面倒なのでスノーシューのまま強行突破。逆に八七三mあたりの広々としたブナ林は気持ち良かった。細いブナだが落ち着きのある林とゆるやかなアップダウン。九〇〇mあたりまで登ると稜線が近くなってきたことが感じられる。尾根はほとんど一度伐採されているようだが、この辺りではその伐採跡は地形や風に影響されるのだろう。曲がりくねった灌木と笹となる。ブナの子供がすぐに成長するには厳しい環境なのだ。

稜線直下は複雑な地形だった。谷の源流が稜線に並行していて二・五万図でも表現できていない。しかもこのあたりのブナは立派なものばかり。このガスの中での幻想的な森がぼんやりと浮かび上がり、一人では本当に心細くなるようなところだった。小さな谷から稜線に乗って登ったところが頂上だった。遠かっただけに嬉しさはひとしおだった。

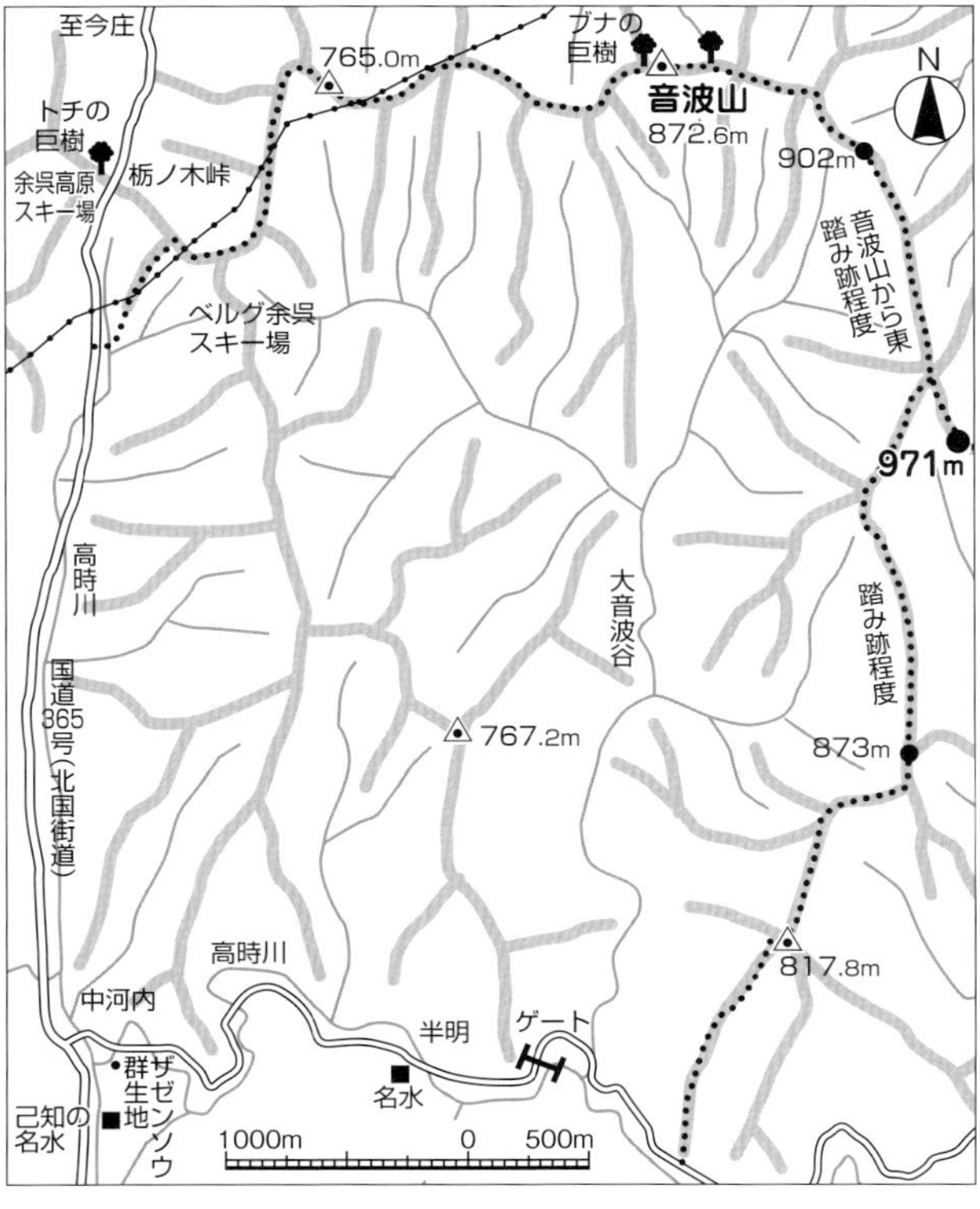

藪山歩きにへこたれる

三《み》国《くに》岳《だけ》　一二〇九m

夜叉ヶ丸から見る三国岳と左千方

右頁
上／左千方頂上からの三国岳
下／夜叉ヶ丸への急斜面を登ると夜叉ヶ池が広がり、背後に三周ヶ岳が見えた

三国岳に初めて登ったのは一九七九年の九月中旬で、前夜発一泊二日の山旅だった。福井県側から真ノ谷を登って頂上に出ている。その後大樽《おおたる》尾《お》谷を下って池ノ又谷の支流から高丸《たかまる》（黒壁山《くろかべ》）へと登って根洞《こんど》谷へと下り、さらにその支谷から三周ヶ岳へと遡ったが岩に阻まれて尾根へと逃げ、何とか稜線に出て三周へと往復してから岩谷へと下っている。ひたすら谷を上下した山行で、昔は谷をよく登ったなあという懐かしい思いがこみあげてくる。地図を辿ってみてもその二日間の厳しさが読み取れ、今ではとてもこんなハードな山行は出来るはずもない。今は今の山歩きを存分に楽しんでいる。この時に一緒だった六歳年上のYさんも、先年あっけなくあの世へ旅立ってしまった。

三国岳へは数年前にも夜叉《やしゃ》ヶ池から尾根通しに登っており、今回もこの同じコースで三国岳へと登ってから、さらに左千方へと足を伸ばすつもりで早朝に家を出た。岐阜県側の池ノ又からの夜叉ヶ池への道は人気のコースだが、ウィークデーの今日はさすがに停まっている車も少なかった。山上の夜叉ヶ池の眺めは素晴らしいが、花も見応えがあるコースでありニッコウキスゲを楽しみにして登った。

ブナはもう緑の深みも増していたが、今年は季節の行きつ戻りつが激しく、ここへ来るまでの車道沿いにはまだ雪のかたまりが転がっていたのには驚かされた。陰陽の滝を過ぎ昇龍の滝を落とす谷の下には雪渓が残っていた。しかし陽射しは強く今日は暑い一日になりそうだった。

最後の岩まじりの急斜面を登っていくと、左上方には夜叉ヶ丸へと岩場を交えた草地が伸び上がっている。初夏には多くの花が咲く斜面だがまだ一面の緑。お目当てのニッコウ

二・五万図／美濃川上、広野

・登山コース

三国岳の稜線上の北東にある夜叉ヶ池から、あまりよくはないが伐り開かれた道がある。三国岳からさらに左千方までは藪こぎで約一時間。二・五万図には尾羽梨谷から三国岳に至る破線が入れられているが、これはもうまったくの廃道となっている。

近江、美濃、越前を越える道

江濃越三国の接点には三国岳があり、三方向に一〇〇〇メートルを越える山々が連なり、どこもが深く険しい地である。しかしこんな奥深い地にも谷や尾根から峠道を越えて、人によって物や情報が行き交っていた。今のこの静寂の地からは想像できない程頻繁に往来があったという。物の往来はもちろんのこと、国境をへだてた通婚も多かったという。川上の米作りも八草谷の上原谷と川上浅又谷で始

キスゲも数輪の花が見られただけだった。夜叉ヶ池でひと息入れてから夜叉ヶ丸への急登にかかった。足を踏み出すごとに景色が広がっていくような急な登りだ。見下ろす池の大きさもぐんぐん小さくなっていく。池の眺めが開けるところを過ぎると踏み跡もたよりなくなった。特に一二〇六mからの下りが分かりにくく、前回に来たときよりも悪くなっているように思った。三周ヶ岳に登る人は多いが三国岳へと向かう人はほとんどいないようだ。それでも三国岳までは笹を分けることがあっても踏み跡は続いていた。三国岳の頂上も前回の記憶と同じで、笹が丸く伐り開かれていた。ここは笹の原で木がなく照りつける陽が眩しかった。

　この頂上からは周囲の山々が見渡せ、これから行こうとしている左千方も緩やかな傾斜を連ねて続いていた。左千方は残雪期に谷山から登ったが、雪のない時にも歩いておきたかった山である。湖北では最も奥深く登り応えのある山であろう。谷山、左千方として別に項を設けているが、無雪期の左千方をここに書いてみよう。

　頂上の手前の笹に赤テープが巻いてある。ここから入っていくようで薄い踏み跡があった。しかし少し踏み込むともう何もない灌木と笹の中に放り出された。尾根は緩やかに広がり、灌木は雪に押さえつけられて横へと這い、笹が行く手を塞ぐ中に、時折目印の赤テープがぶら下がっている。向こう脛に太い笹がガンガンと当たり歩くほどに痛みを感じてくるが、強引に足を前に出すだけである。そしてのたうつような灌木の幹をまたいだりくぐったりと、休む間もなく藪が攻めかかってくるようだった。まともに稜線を歩くより下の斜面の方が少しはましで、ケモノ道のような踏み跡があるところもあるが、とにかく我慢し

まったとされているが、越前の人から教えられ伝えられたという。坂内村の広瀬と近江側の金居原、杉野、福井県の日野川上流の村と川上、近江の奥川並や尾羽梨と川上、広瀬、藤橋村の横山など、焼畑の出作りなどで縦横に張巡らされた峠道があり、国の境界も隔たりなく生活の交流は盛んだったという。
（『江美・水迎山送』関西電力株式会社発行より）

藪こぎの末に出合えた左千方の三等三角点

かない。一時間ほどの苦闘の末やっと左千方に着いた。残雪期に登った時はガスで何も見えなかったが、見覚えのある曲がった木があり記憶通りの頂上だった。ここまでで何度もダニがズボンなどに付いていたので、上着を脱いで点検してから再び藪の中に突入した。

　できるだけ効率よく藪をくぐって戻ろうとしたのだが、やはり何度も藪に捕まってしまう。無駄な抵抗のようだ。脛も痛くてたまらない。一時間ほどかかって三国岳に戻り、少し歩くペースを落としながら何とか夜叉ヶ池まで辿り着いた時には、思ったよりも疲れを感じていた。

　池ノ又の登山道を下っている途中足がつって、二度ほど休憩しなければ歩けなくなってしまった。やっぱり三国、黒壁、三周と谷を上下して歩き繋いだのは遠い昔の話である。つくづくそんな思いを実感したなさけない一日だった。

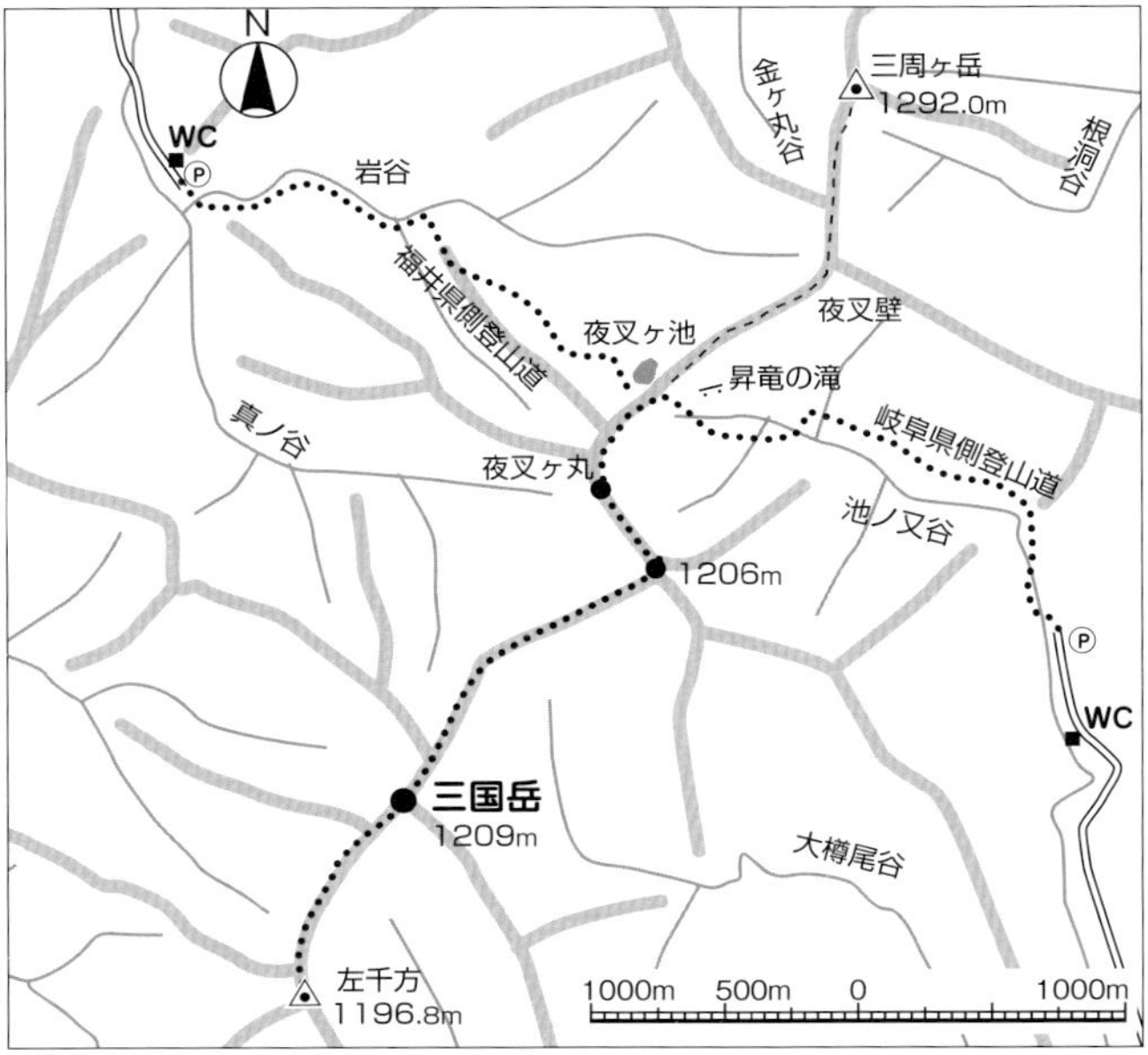

大きなスケールを持つ第一級の山

三《さん》周《しゅう》ケ《が》岳《だけ》 一二九二・〇m

池ノ又谷から見上げる夜叉壁

夜岐阜県側池ノ又谷の登山道

右頁
岐阜県側、池ノ又谷から登る
登山道の夜叉ヶ池直下。
美しいお花畑が広がっている。

湖北の山という範疇からはみ出しているが、三周ヶ岳は隣接する山としてぜひ取り上げておきたい山だった。大黒山あたりから眺めても左千方《させんぼう》、三国岳《みくに》のすぐ後ろに控えており、湖北とは一繋がりの山だということが分かる。標高一二九二m。湖北の伊吹山や金糞岳《かなくそ》よりも低いのだが、そのスケールは勝るとも劣るものではない。

深田久弥は『日本百名山』を選定する基準とした要素として品格、歴史、個性を上げている。そんな要素をこの山に当てはめてみると、いくつもの魅力が浮かび上がってくるが、三周ヶ岳といえばやはり何よりもまず夜叉《やしゃ》ヶ池の存在であろう。泉鏡花の戯曲『夜叉ヶ池』の題材となった池だが、昔から揖斐《いび》川流域の人々によって、雨乞いの神として祀《まつ》られていた。夜叉壁の岩壁に囲まれた山上に浮かぶ池、麓から草木を分け、岩を攀じ、山上に登ってこの池を目にした時、人々はどんな思いにとらわれただろうか。登山者にとっても同じであるが、夜叉壁の岩稜上にぽっかりと広がるこの池は、まさに神秘感の漂う存在として映ったことだろう。遠い下流域の人々とも古くから繋がってきたのである。

そしてまた岐阜県側の池ノ又谷の登山道からの夜叉壁の眺めがまた絶景だ。巨樹の並ぶブナの森を抜けると広がる岩壁に突き上げる岩峰、そして岩溝に落ちる昇竜の滝。初夏になるとこの斜面にはさまざまな花が咲き乱れ、それはもうとても一〇〇〇メートル程度の山とは思えない大きな眺望が開けている。

三周ヶ岳の魅力はそれだけにとどまらない。揖斐川の源流をなし、この山から落ちる水は根洞《こんど》谷、金ヶ丸《かながまる》谷の緑深い谷へと流れ落ち、揖斐川を流れ下って太平洋の伊勢湾へと達する。ずっと昔、根洞谷から三周ヶ岳、金ヶ丸谷から美濃俣丸《みのまたまる》へと谷を詰めて登っている

二・五万図／美濃川上、広野

・登山コース

福井県側の広野ダムの奥、岩谷から夜叉ヶ池へと登る登山道と、岐阜県側の池ノ又谷から夜叉ヶ池へと登る二つのコースがある。夜叉ヶ池から尾根通しに三周ヶ岳へと登る。どちらもスケールの大きな素晴らしいコースで、春は花が多く、秋の紅葉の彩りが見事。積雪期は岐阜県側、福井側のどちら側からも近づけない。

夜叉ヶ池

夜叉ヶ池の伝説は、村の長者の娘、夜叉姫が雨をもたらしてくれた身代わりに竜神に嫁ぐという話である。美濃、越前の両側に伝わっており、こうした伝説の類型は日本全国に広く流布しているという。泉鏡花の戯曲『夜叉ヶ池』は越前側の今庄の伝承をもとに発表されたものだった。一

が、奥美濃の山は深い樹林の谷を歩く悦びを脳裏に刻み込んでくれた。

やはり山の良さは標高だけではない。こうして三周ヶ岳を見てみると、小さいながらもさまざまな質感の厚みが迫ってくる。私には二〇〇〇メートル級のスケールといってもいいほどの魅力を備えた山だと感じたものだった。

この山には越前(福井)側と美濃側(岐阜)からの二つの登山道がある。どちらも甲乙つけがたい良さを持っているのだが、私はどちらかといえば美濃側からの登山道が好きだ。何と言っても夜叉壁を仰ぎ見ながら登るあの立体感とでも表現すればいいのだろうか。夜叉ヶ池へと至る中空を行くようなルートに魅力を感じている。池ノ又谷という谷を遡って行くものの、まったくの谷道ではなく、尾根道でもない。最初の谷道から少し進むと深いブナ林の山腹に道が続いて行く。そんなブナの道を歩くうちに前方に岩壁を張り巡らした夜叉壁が見え、そして次第にその岩壁に近づいて、やがては岩壁の直下から夜叉壁を望みながら斜面を巻いて登り山上の池に達する。何と見事に演出をこらした道ではないだろうか。そしてこの間には幽玄《ゆうげん》の滝、昇竜《しょうりゅう》の滝を見て、さまざまな花と出会うという、視覚に強く訴えるものも備わっている。アルプスの山々のような山歩きと言えば言い過ぎだろうか。それくらいのスケールを感じるのである。

一方の越前側からの道はどうだろうか。美濃側と同じように岩谷の山腹に続く道で、谷には夜叉ヶ滝という立派な滝があり、そしてトチの巨樹を見ながら歩く素晴らしい登山道である。途中で尾根へと上がりやがて池へと出る道は、深い自然林に包まれた落ち着きのある登山道、どちらも歩いてみたくなるコースである。残念なのは夜叉ヶ池が近江、越前、

方の美濃側では大垣藩が揖斐川の水源とした夜叉ヶ池で雨乞い行事を執り行ったことが、書物などによって広く知られるところとなり、夜叉ヶ池の名が高められたという。近江側の山上の池である金居原の横山岳東尾根の夜叉ヶ池や、姉川の夜叉が妹池などにも夜叉ヶ池の伝説が影響をおよぼしたのであろう。滋賀県の集落でも実際に夜叉ヶ池へ雨乞いが催されたという。

（『江美・水迎山送』関西電力株式会社発行より）

美濃の境を接する三国岳の直下にあるのに、近江側からの道がないことである。三国岳に突き上げる尾羽梨谷に林道が深く延びているのに、現在では林道も使えず登るルートもない。尾羽梨《おばなし》谷は広く伐採されてしまっているが、もうそれから長い年月が過ぎているので落ち着きをとりもどしている。ぜひ近江側からも近づいてみたいものだと思っている。

夜叉ヶ池から三周ヶ岳までしっかりとした道が続いている。笹がかぶるところもあるが素晴らしい尾根道だ。春も良かったが当然秋も素晴らしい。錦繍織りなす谷の刻み、尾根の連なりを眺めながら歩く、言うことなしの稜線漫歩だった。頂上からは琵琶湖も小さく光り、北アルプスの連嶺も中空に浮かんでいた。

こんな山なら真っ白に雪がかぶる冬もさぞかしであろうが、それはまだ果たせていない。

越前側岩谷登山道から見る夜叉ヶ滝

1206m 手前からの夜叉ヶ池と三周ヶ岳

眺望絶佳の頂上と歴史の峠道

鉢《はち》伏《ぶせ》山《やま》 七六一・八m

木の芽峠道の途中にある弘法の爪描き地蔵さん

右頁
上／鉢伏山頂上からは敦賀湾と西方、蠑螺ヶ岳の素晴らしい展望が広がる。
下／木の芽峠に建つ前川家。何と見事な風景だろうか

湖北という地域の線引きは、北と東は福井、岐阜との県境稜線であり、福井県にある鉢伏山は当然その枠外にあるが、あえて湖北の山に含めたいと考えたのは、鉢伏山の肩を越える古道、木の芽峠の存在である。湖北の北西端には北陸へと越える栃ノ木峠が通じているが、この峠から北西に標高六〇〇メートル余りの山稜が連なっていて、ここに木の芽峠道が越え、鉢伏山がピークを持ち上げている。僅かな距離を隔てて二本の北陸への道が通じているのだが、北国への出入り口である湖北地方においては、やはり古道である木の芽峠もぜひとも歩いておきたいルートであった。

木の芽峠の魅力は古道であるとともに僅かでも歩く道が通じていることである。しかも峠には昔のままの茅葺きの茶屋があり、何とも趣きのある峠道の風情が残されている。ただ峠から二ツ屋側がスキー場として開発されており、峠道はそのゲレンデを横切っていて風情を失っているのは残念だった。

栃ノ木峠は戦国期から江戸にかけて整備された道であるが、木の芽峠は平安初期に開削されたとされており、峠道にある石碑を見たり看板を読んでみると、紫式部、新田義貞、道元、親鸞など、歴史上に残る多くの人びとがこの峠道を越えたことを教えられる。峠道の佇まいやしっかりと踏み込まれた道の感触に、歴史の重なりを感じさせられた。

峠の茅葺きの家は前川家といい、一四六六年から現在まで二十代に渡ってこの地で生活を続けてきたという。関ヶ原合戦の後天下の形勢が安定し、家康の次男結城《ゆうき》秀康が越前を治める大名として入国して以後明治維新まで、この峠の茶屋番兼関所として昔からこの地に暮らしてきた前川家が、国境の通行人の監視や吟味に当たってきており、未だにこの峠

二・五万図／杉津、板取

・登山コース

新保集落の上部、棚田の上端に峠の登り口があり、木の芽峠までしっかりとした道が続いている。板取側からは峠のすぐ下まで車で入ることができるが、歩いて古道の味わいを楽しんでほしいコースである。峠から尾根通しに登るとスキー場のゲレンデに出るが、その最上部まで登ったところが鉢伏山の頂上。

木の芽峠

本文中に書いた通りで、峠から車道が板取へと下り、古道の二ツ屋への道もスキー場のゲレンデによって分断されている。途中にある言奈地蔵のいわれは、昔大金を持った旅人を乗せた馬子が、その旅人を殺して金を奪ったところがこの地蔵の前だったという。馬子が地蔵に気づき「地蔵言うな」と言ったところ地蔵が「地蔵は言わぬがおのれ

で生活されているというのには驚かされる。家の前には三基の墓が祀《まつ》られているが、両側の〝先祖代々之墓〟に挟まれたその中央の墓は〝平重盛公之墓〟という墓名が刻まれている。

木の芽峠へは新保《しんぼ》から登った。新保は尊王攘夷の旗印をかかげ京都を目指した水戸天狗党が最期を迎えた地、峠の麓には幕末になってさらなる歴史の足跡が刻まれている。新保集落から扇状に広がる水が張られた棚田を巻くように登って行くと、その棚田の最上部あたりの高台に峠の登り口があり、数台の駐車スペースが設けられていた。見下ろすと扇状の棚田の要にあたるところに新保の家々が並んでいる。明るい新緑の山々に包まれた棚田の広がりは例えようもなく美しい風景だった。

峠道は谷の流れに沿って続いていた。木の芽峠までは僅かな距離だが古道がしっかりと刻まれている。最後に流れから離れてじぐざぐを切ると〝明治天皇御膳水〟の石碑の立つ湧水があり、石畳の道を切り返して上がると峠に着く。ここには立派な茅葺きの家があり、北側の板取側から車道が上がってきている。登ったとたん真っ白な親子の犬の出迎えをうけた。子犬はころころと可愛らしく、さかんに母犬にじゃれついていた。

左へと尾根を登るのが鉢伏山へのコースである。樹林の中を登るとすぐスキー場のゲレンデへと出た。ゲレンデを登りリフトの終点から木立を抜けると、開放感溢れる明るい山頂が広がった。大きな広場となっている頂上の端に立つと、入江のように入り組んだ敦賀湾とその海を隔てて左右に広がる西方ヶ岳、蠑螺《さざえ》ヶ岳の連嶺の大きな眺望が開け、穏やかなブルーの海の付け根には敦賀港の突堤が突き出し、敦賀の街並が見えた。鮮やかな新緑とぼんやりとかすむ敦賀湾とのコントラストは素晴らしい眺めだった。この眺望を昼食の

は言うな」と言い返され、馬子は感極まって改心し善人に立ち返ったという。そして年を経て再び馬子がこの峠を越した時、年若い旅人と道ずれになり地蔵の前にきたとき、その霊験あらたかなお姿に馬子は涙を流して過去の過ちを悔い、旅人にも自分の悪事を語ったところ、この旅人こそ親の仇を尋ね歩いていた殺された旅人の息子だった。「地蔵は言わぬがおのれは言うな」の地蔵の言葉通りになり、その因縁におののき、自ら仇を討たれたという。

木の芽峠道の登り口から見下ろす新保

おかずにゆっくりとした昼を過ごした。

もう一度木の芽峠へと戻るのだが、東へとゲレンデを下ると二ツ屋へと向かう峠道に途中で出合う。峠へと進むと茅葺きの地蔵堂があるが、これが言奈《いうな》地蔵である。そして山腹道を辿るとすぐに木の芽峠へと出た。短いがなかなか味のある充実したコースだった。

木の芽峠道にある茅葺きの言奈地蔵

スキー場を横断している峠道

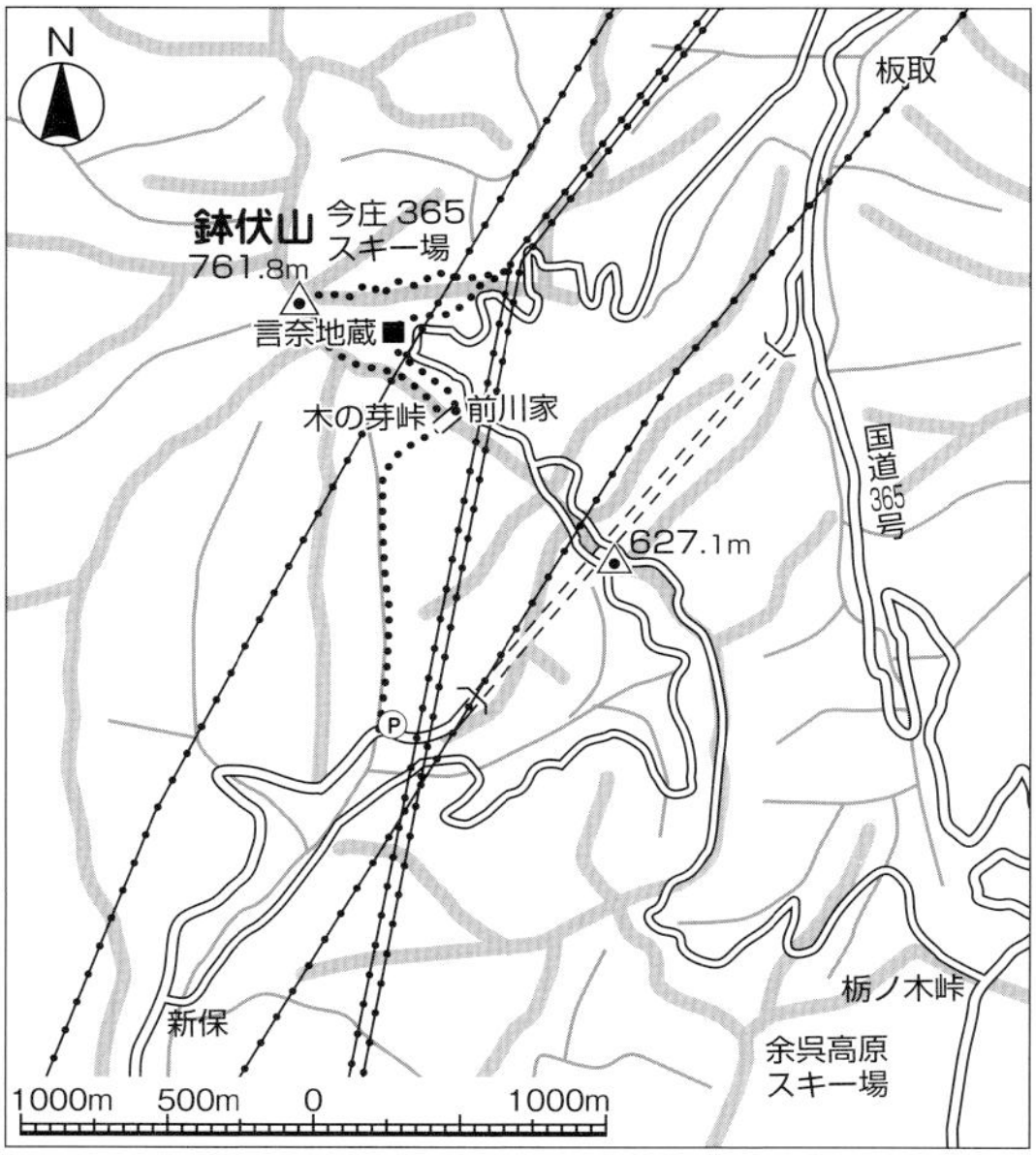

あとがき

これまで伊吹山周辺の山々をまとめて歩き、二〇〇九年に『伊吹山案内』として出版させていただいた。しかし伊吹山周辺の山歩きが一段落すると、さらに北へと連なる山々へと当然のごとく想いが膨らんでいった。湖北という地域の山では、標高こそ伊吹山が抜きん出ているが、奥深さという面においては、岐阜、福井と境を接する北の山々に伊吹山とはまた違った魅力を感じていた。

湖北の山といえばまずイメージするのが雪の山。そして強靭なササの藪やブナの原生林など、自然度の深さも思い出されることだろう。しかしひとくちに湖北の山といってもさまざま、小さな里山もあれば奥深いブナの山もある。それぞれに楽しい山であった。それと最近、余呉トレイルクラブによって「中央分水嶺、淀川水源の森余呉トレイル」として新たなルートが伐り開かれ、登れる山も多くなりバリエーションが増えたのも喜ばしいことのひとつだ。

歴史探訪の山あり、花を愛でる山あり、白い雪稜を往く山あり。もちろん強靭な藪山も山スキーを楽しむ山もある。それぞれに合わせて歩けるのが湖北の山であろう。

本書の範囲は南は国道二一号線で鈴鹿の山との区切りとした。東と北は岐阜県、福井県との県境が境となるが、一部に両県側の山が含まれたり、両県側からがルートとなる山も紹介している。そして西は国道八号線が通る塩津大川沿いから新道野峠で区切った。これで南と西はナカニシヤ出版から出していただいた『鈴鹿の山を歩く』、『近江湖西の山を歩く』の二書と繋がり、滋賀県の山域の四分の三ほどをカバーできたこととなる。山域を集中して歩いてみると、教えられること、見えてくることが多く、山を歩く労以上の楽しさとなって返ってきた。ますます山への想いに拍車がかかり山へ行くのも忙しくなった。長年勤めた仕事も一段落した身には悦ぶべきことだろう。

滋賀県内の山をメインとして歩き、滋賀県の半分以上の山域を本にできたことは望外の喜びとなった。自分自身の思いを表現できる本という形にしていただいたナカニシヤ出版社長　中西健夫氏に感謝したい。また編集担当の林達三氏には適切なアドバイスとお力添えをいただいた。御礼を申し上げたい。

二〇一〇年初冬　小春日和の一日に山を想いながら

草川　啓三

◎著者紹介
草川　啓三（くさがわ　けいぞう）

1948 年　京都市に生まれる。
1968 年　山登りを始める。
1975 年　京都山の会に入会、現在に至る。
20 歳の時、鈴鹿霊仙山へ登ったのがきっかけで登山を始める。
以後、滋賀、京都の山を中心に歩き続ける。

著書『近江の山』（京都山の会出版局）、『近江の山を歩く』（ナカニシヤ出版）
『鈴鹿の山を歩く』（ナカニシヤ出版）、『芦生の森を歩く』（青山舎）
『近江の峠』（青山舎）、『芦生の森案内』（青山舎）
『山で花と出会う』（青山舎）、『巨樹の誘惑』（青山舎）
『山と高原地図／御在所・霊仙・伊吹』（昭文社）
『近江湖西の山を歩く』（ナカニシヤ出版）
『芦生の森に会いにゆく』（青山舎）
『伊吹山案内——登山と山麓ウオーキング』（ナカニシヤ出版）
『伊吹山自然観察ガイド』（山と溪谷社）共著
『極上の山歩き——関西からの山 12 ヶ月』（ナカニシヤ出版）ほか共著多数

住所　〒 525-0066　滋賀県草津市矢橋町 1475

琵琶湖の北に連なる山——近江東北部の山を歩く

2011 年 4 月 1 日　初版第 1 刷発行　定価はカバーに表示してあります

著　者　草　川　啓　三
発行者　中　西　健　夫
発行所　株式会社ナカニシヤ出版

〒 606-8161　京都市左京区一乗寺木ノ本町 15 番地
電話　075 − 723 − 0111
FAX　075 − 723 − 0095
振替口座　01030 − 0 − 13128
URL　http://www.nakanishiya.co.jp/
E-mail　iihon-ippai@nakanishiya.co.jp

落丁・乱丁本はお取り替えします。ISBN978-4-7795-0527-0　C0025

写真　草川啓三／装幀　竹内康之
印刷・製本　ニューカラー写真印刷株式会社